Hochsensible Kinder

verstehen und stärken

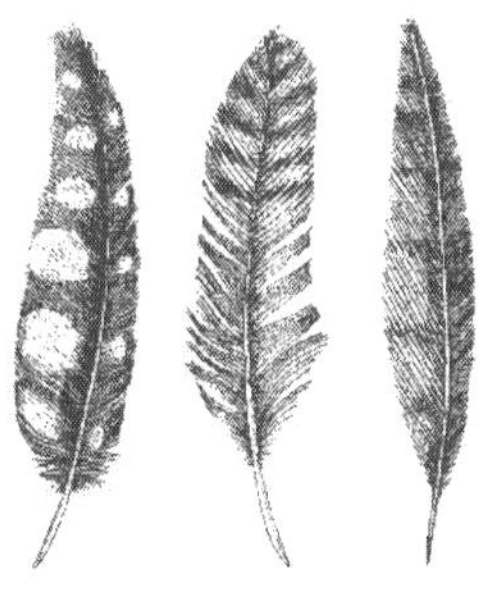

Wie Sie als Eltern Ihr gefühlsstarkes Kind besser verstehen, Selbstwertgefühl aufbauen, gezielt stärken und friedvoll unterstützen - ohne zu schimpfen

Susanne Yakins

Inhalt

Einleitung

Hast du manchmal das Gefühl, dein Kind nicht richtig verstehen zu können? Gerätst du im Umgang mit ihm an deine Grenzen, weil es scheinbar mit deinen Regeln und Anweisungen überfordert ist? Machst du dir Sorgen, weil du einen sozialen Rückzug bei ihm beobachtest? Oder bekommst du oft zu hören, dass es „verweichlicht“ scheint? Dann ist es möglicherweise hochsensibel. Knapp 20% der Menschheit leidet unter Hochsensibilität. Ich verwende ganz bewusst das Wort „leiden“, denn obwohl Hochsensibilität eine wertvolle Charaktereigenschaft ist, findet sie in unserer heutigen schnelllebigen Gesellschaft kaum mehr Platz. Häufig werden bereits junge hochsensible Kinder als „andersartig“ abgestempelt und haben nur wenige Chancen, sich zwischen normalsensiblen Menschen zurechtzufinden.

Deshalb ist es unsere Aufgabe als Eltern hochsensibler Kinder, diese in ihrem Wesen zu stärken und ihnen Möglichkeiten zu geben, ihre Charaktereigenschaft als die wertvolle Stärke zu sehen, die sie ist. Dieser Ratgeber wird dich darin unterstützen, Hochsensibilität besser zu verstehen. Mithilfe eines Testes kannst du einschätzen, wie sensibel dein Kind ist und du wirst Handlungsmöglichkeiten bekommen, die deinen Alltag und den deines Kindes deutlich erleichtern werden. Direkt am Anfang möchte ich dir hierzu einen Merksatz geben mit dem Tipp, diesen auszudrucken und ihn bei dir zu tragen. Und immer, wenn du das Gefühl hast, an eure Grenzen zu stoßen, hole ihn heraus und erinnere dich daran. Denn dann hat dein Kind die Chance, all das Potenzial, was in ihm steckt auszuschöpfen und mit seiner Hochsensibilität zu einem wichtigen und vor allem glücklichen Teil der Gesellschaft zu werden.

Ein hochsensibles Kind ist nur sehr eingeschränkt in der Lage, sich anzupassen und Druck zu ertragen. Ich als Elternteil muss ihm den Weg ebnen, sich außerhalb der gängigen gesellschaftlichen Normen zu entwickeln. Ich muss ihm aufzeigen, wie es seine Hochsensibilität als Stärke nutzen und mit so geringem Druck wie möglich heranwachsen kann. Dabei orientiere ich mich grundsätzlich an der Frage: Möchte ich ein „funktionierendes“ oder ein „glückliches“ Kind?

Denn beides geht nicht!

Der Einfachheit halber wird im Folgenden „Hochsensibilität“ mit „Hs“ abgekürzt und „hochsensible Kinder“ mit hsK. Für „normalsensible Kinder“ nutze ich „nsK“. Weiterhin wird ausschließlich die maskuline Form verwendet, was der einfachen Lesbarkeit dient und keine anderen Geschlechter diskriminieren soll.

Auslöser

für hochsensible Reaktionen

Jeder kennt Kinder, die schreiend im Geschäft auf dem Boden liegen, die weinend in der Ecke stehen und um sich schlagen oder scheinbar „überschüchtern“ auf Veränderung reagieren. Auch häufiges Schmollen, empfindliche Reaktionen, ein „mimosenhaftes“ Verhalten und das alltägliche Wegträumen – sind Dinge, die generell eher negative Assoziationen hervorrufen. Ich weiß nicht, wie es dir geht, aber ich habe in meinem Leben eher selten den freudigen Ausruf gehört: „Ach, schau mal! Jetzt liegt er da auf dem Boden und schreit, weil er keine Süßigkeit bekommt. Toll, dass er ein so willensstarkes Kind ist, der sich nicht einfach unterbuttern lässt!“ Viel gängiger sind doch die unaufgeforderten Statements Außenstehender, das Kind mal „besser zu erziehen“, sich „endlich mal durchzusetzen“ oder, dass der „gelegentliche Klaps auf den Hintern uns als Kindern auch nicht geschadet hätte“.

Dass solche geäußerten Ansichten oder das Augenrollen es uns als Eltern zusätzlich schwermachen, weil nun zu unserer Überforderung auch noch ein Schamgefühl hinzukommt, spielt dabei selbstverständlich keine Rolle. Verstehe mich bitte nicht falsch: Jeder Mensch denkt in Schubladen, denn das vereinfacht unser Denken enorm. Aber dennoch sind unerwünschte Reaktionen von Kindern, wie zum Beispiel Trotz, Aggressivität oder scheuer Rückzug bei weitem nicht immer das Resultat schlechter Erziehung. Um dieses ein wenig besser verständlich zu machen, möchte ich dich auf eine kleine Gedankenreise entführen:

Stelle dir bitte einmal vor, du befändest dich im Ausland. Du hast einen Auftrag, der enorm wichtig ist und schnellstmöglich erfüllt werden muss und befindest dich somit in einer enormen Drucksituation. An diesem Ort verstehst du weder die Sprache, noch bist du in der Lage, die Schrift zu entziffern. Um dich herum ist nicht nur der extreme Straßenlärm der Fahrzeuge zu hören, die permanent nur zentimeterdicht an dir vorbeifahren, sondern auch Jingles und Werbeslogans laufen unentwegt. Die Passanten rasen in einem irren Tempo an dir vorbei und andauernd beruhigt dich jemand an, weil er denkt, er könnte dich damit beruhigen. Die blinkenden Lichter der Stadt kommen von allen Seiten und an jeder

Ecke riechst du etwas anderes. Zum Teil etwas, was dir gefällt und zum Teil etwas, was dir Tränen in die Augen treibt und Ekel hervorruft. Immer wieder versuchst du, Passanten um Hilfe zu bitten, denn du kannst die Straße einfach nicht finden, in der du deinen Auftrag erledigen musst. Aber einige von ihnen gehen einfach nur zügig an dir vorbei, denn in ihren Augen bist du vermutlich ein Bettler, der nur von den Reichen schnorren möchte, andere winken nach kurzer Zeit ab, weil ihr euch einfach nicht verständigen könnt. Dein Stresslevel ist bereits an der oberen Grenze angekommen. Du weißt, dass du schon jetzt zu spät dran bist und dass dich das den Job kosten könnte, als dein Telefon klingelt. Auf dem Display siehst du die Nummer deines Chefs. Er begrüßt dich mit den Worten: „Ich habe gehört, dass Sie Ihren Auftrag noch immer nicht ausgeführt haben. Stimmt das?“ Was ist deine Antwort?

Vermutlich wirst du nach diesem Telefonat still und heimlich unter dem Druck zusammenbrechen. Und dann stelle dir bitte einmal vor, auf dem Display hätte anstatt der Nummer deines Chefs die deines Partners gestanden. Auch er begrüßt dich mit den

Worten: „Ich habe gehört, dass du den Auftrag noch immer nicht ausgeführt hast. Stimmt das?“ Wie wäre deine Reaktion bei ihm?

Du hast durch dieses Beispiel gleich zwei unterschiedliche Lernerfahrungen gemacht. Zum einen, dass wir alle unsere Grenzen haben, die irgendwann einmal überschritten sind. Was das mit hsK zu tun hat, erfährst du im Folgekapitel. Du hast aber noch eine weitere wertvolle Erkenntnis ziehen können. Bei deinem Chef würdest du mit großer Wahrscheinlichkeit versuchen, dich zu rechtfertigen, die Lage zu beschreiben und zu beschwichtigen. Du würdest dich so lange am Riemen reißen und den Druck aushalten, bis du aufgelegt hättest. Bei deinem Partner wäre das vermutlich anders. Der ganze Frust und die Überforderung, die du ihm unter diesem starken Druck gerne entgegenschmettern würdest, ist eigentlich ein Beweis dafür, dass du deinem Partner vertraust: Ihm kannst du deine innere Stimmungslage offenbaren. Du traust ihm also zu, dass er dich versteht und dir deine emotionale Reaktion verzeihen kann. Ich bitte dich an dieser Stelle inständig darum, Zusammenbrüche deines Kindes – so anstrengend sie auch sein mögen – als einen solchen Vertrauensbeweis zu sehen. Denn du darfst dir sicher sein, auch Kinder zeigen ihre größten Schwächen und intensivsten Gefühlsausbrüche ausschließlich denjenigen Personen, denen sie vertrauen. Und das bist nun einmal genau du!

Neuronale Ebene

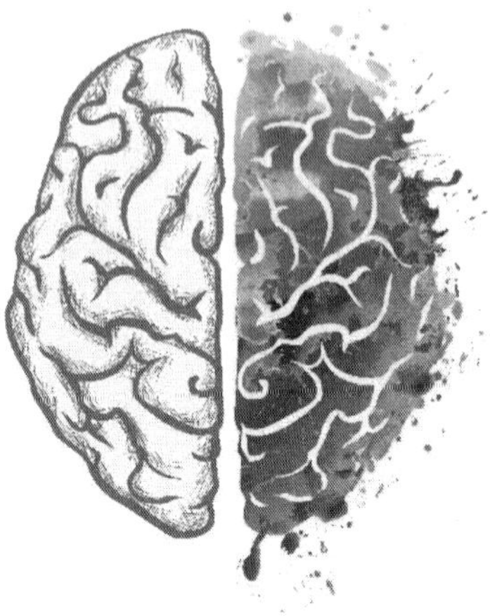

Gerade habe ich von den Grenzen gesprochen, denen wir alle unterliegen. Hs ist zwar ein recht junges Forschungsgebiet, aber die Erforschung von Reizen und Stress auf den menschlichen Körper ist bereits wesentlich älter. Tatsächlich liegt der Schlüssel zur Hochsensibilität nachweislich im Gehirn. Um den Zusammenhang der neuronalen Ebene und der Hochsensibilität besser erfassen zu können, ziehe ich Ergebnisse dreier Forscher heran.

Iwan Petrowitsch Pawlow

Der Mediziner, Verhaltensforscher und Psychologe hat seine Forschungen sowohl Tieren als auch Menschen gewidmet. Im Bereich der Hs hat er herausragende Erkenntnisse durch die sogenannte „transmarginale Hemmung“ gewonnen. Hierfür hat er die Belastungsgrenze mehrerer Versuchsgruppen getestet. Sie wurden allesamt mit durchgehender, extremer Beschallung konfrontiert. Das Ergebnis war bei jedem einzelnen Versuchsteilnehmer gleich. Nach einer Weile versuchten alle, dem Reiz durch Verschließen der Ohren und in die Hocke gehen, zu entfliehen. Da dieser jedoch zu extrem war, um ihn ausblenden zu können, verloren die Teilnehmer kurz darauf das Bewusstsein. Das ist der eindeutige Beweis dafür, dass keiner von uns in der Lage ist, extremen

Reizen dauerhaft ausgesetzt zu sein und sie auszuhalten. Ab einem bestimmten Punkt reagieren wir zum Selbstschutz ganz automatisch, indem wir uns von der Außenwelt „abkoppeln". Dieses Phänomen beobachtest du vielleicht selber manchmal an dir. Ich bin mir sicher, dass du in extremen Stresssituationen bereits das ein oder andere Mal von anderen wieder in den Raum „zurückgeholt" werden musstest oder dem Verlauf nicht mehr vollständig folgen konntest, weil es dir schlicht und einfach zu viel wurde. Das ist völlig normal und schützt uns vor zu intensiver Überreizung. Pawlow gewann aus dem Experiment jedoch eine weitere Erkenntnis, die im Zusammenhang mit Hs deutlich wichtiger ist. In jeder Versuchsgruppe fanden sich 15-20% der Teilnehmer, die signifikant früher das Bewusstsein verloren als der Rest der Gruppe. Für sie war die Überreizung um ein Vielfaches schlimmer als für die anderen. Und genau diese Gruppe stellt den Kreis der Hochsensiblen dar. Denn auch in weiteren Versuchen, der beiden wissenschaftlichen Forscher, Jerome Kagan und Dr. Elaine N. Aron, in späteren Jahren, bestätigte sich immer wieder der Wert von knapp 20% der Menschen, die die Charaktereigenschaft der Hs in sich tragen. Ich bitte dich auch an dieser Stelle wieder, dir einen wichtigen Fakt zu merken:

Menschen kommen an ihre Grenzen und das ist völlig natürlich und normal! Hochsensible Kinder sind jedoch deutlich weniger belastbar als normalsensible Kinder und das können sie selbst überhaupt nicht steuern oder beeinflussen. HsK sind weder zart besaitet noch Weicheier, wie es leider immer wieder behauptet wird. Sie sind lediglich stärker mit Reizen überflutet und müssen aus diesem Grund anders reagieren als nsK. Keinem Menschen steht es zu, ein Werturteil über diese verminderte persönliche Belastungsgrenze zu fällen.

Jerome Kagan

Der Professor für Entwicklungspsychologie versuchte viele Jahre weitere Nachweise für Hs zu gewinnen. Er begann seine Tests an Säuglingen. Hierfür überprüfte er ihre Reaktionen auf diverse Reize – vom Gesicht der Mutter bis hin zu dem Knall eines zerplatzenden Luftballons. Die Ergebnisse hielt er in Videoaufnahmen fest, die er anschließend auswertete. Auch hier ergab sich eine Zahl von knapp 20% der Säuglinge, die extrem intensiv auf die unangenehmen Reize reagierten. In den nächsten acht Jahren beobachtete er dieselben Kinder in verschiedenen Situationen. Es stellte sich heraus, dass exakt diejenigen Kinder, welche als Säuglinge überreagierten auch fortlaufend eine geringere Reizschwelle hatten. Sie reagierten mit Rückzug und introvertiertem Verhalten, gingen Reizen weitestgehend aus dem Weg und waren schneller überfordert als die anderen Kinder. Durch Messungen des Blutdrucks, des Herzschlages, der Stresshormonproduktion und der sich anspannenden Muskulatur in Reizumgebungen wurden diese Beobachtungen weiterhin bestätigt. Damit gab es einen weiteren Beweis, der das Phänomen der Hs bestätigte.

Dr. Elaine N. Aron

Dr. Aron hat eine ganz persönliche Motivation zur Forschung im Bereich der Hs. Denn sie ist es nicht alleine, die diese Charaktereigenschaft in sich trägt, sie hat sie zusätzlich an ihre Kinder weitergegeben. Aus diesem Grund hat sie sich zum einen dem Nachweis der Hochsensibilität gewidmet und zum anderen der Erforschung der familiären Vererbung dieser Eigenschaft. Ihre Ergebnisse hat sie in mehreren Werken ausführlich festgehalten. Zum einen entwickelte sie anhand tausender Befragungen gezielte Fragebögen, die einen guten Überblick darüber geben, ob eine Hs vorliegt oder nicht. Hierbei wurden sämtliche Merkmale, die eine Hs mit sich bringt erfasst und ausgewertet. Zudem gab es noch einen weiteren Durchbruch: Es gelang nämlich die Eigenschaft der Hochsensibilität unter dem MRT zu erfassen. Bei den Menschen, die laut Fragebögen das Merkmal Hs in sich trugen, zeigte sich nämlich eine deutlich erhöhte Hirnaktivität. Die Bereiche, die für die Reizverarbeitung verantwortlich sind (z.B. die Großhirnrinde und Amygdala), waren sehr viel erregter als bei dem Rest der Versuchsgruppen. Die Amygdala ist ein Teil des limbischen Systems im menschlichen Hirn. Zusammen mit dem sogenannten Hippocampus regelt diese Gehirnregion die emotionalen Äußerungen. Insbesondere die Entstehung von Angstgefühlen ist hier in diesem „Mandelkern" verankert. Das bedeutet, dass der Filter, der die Reize stoppt, deutlich mehr Reize hindurchlässt als bei normalsensiblen Personen. Und genau das ist das Geheimnis der Hs. Auf unser Gehirn prasseln mehrere Millionen Reize am Tag ein. Wir wären unmöglich in der Lage, sie alle zu verarbeiten. Aus genau diesem Grund befindet sich der Thalamus in unserem Gehirn. Er ist der Filter, der sortiert, welche Reize wir wahrnehmen und welche nicht. In erster Linie sucht er nach möglichen Gefahren, um unser Leben zu schützen. Wir nehmen die rote Ampel oder das Martinshorn sehr viel deutlicher wahr als das grüne Auto, welches neben uns an der Ampel steht. Auch Situationen, die wir nicht kennen, werden vorsichtshalber als mögliche Gefahr eingestuft. Laufen wir nachts in einer ruhigen Umgebung entlang und uns kommt ein großer Mensch mit tiefsitzender Kapuze und angespannter Körperhaltung entgegen, sind wir automatisch in Alarmbereitschaft. Diese Wahrnehmungen sind wichtig, da sie unseren Körper in die Lage versetzen, sich im Ernstfall zur Wehr zu setzen. Er beginnt, Stresshormone auszuschütten, die uns kurzzeitig schneller, kräftiger und belastbarer machen. Stressreize haben folglich oberste Priorität. Die weiteren Reize, die wir wahrnehmen, ergeben sich aus unseren Erfahrungen, unserer aktuellen Gefühlswelt und unseren Interessen. So nehmen wir in Zeiten von Traurigkeit entsprechende Lieder viel eher wahr. Wenn wir krank sind, fällt uns speziell die Werbung für Arzneimittelpräparate auf und wenn wir gerade auf der Suche nach einem neuen Auto sind, werfen wir wahrscheinlich doch ein Auge auf das rote Auto, das neben uns an der Ampel steht. All diese Prozesse finden selbstverständlich unbewusst statt und wir können sie nur beeinflussen, indem wir uns ganz gezielt vornehmen, auf bestimmte Dinge zu achten. Dr. Elaine Aron bewies mit ihren MRT-Versuchen also Folgendes: Der Thalamus (als Filter) lässt deutlich mehr Reize durch, wenn eine Hs vorliegt. Darum ist er auf den MRT-Bildern verändert. Das bewirkt, dass die Großhirnrinde und die Amygdala, welche für die Verarbeitung von Reizen verantwortlich sind, dauerhaft aktiver sind und ein deutlich erhöhter Wert von Stresshormonen festgestellt wird. Dieses findet nicht nur am Tag statt, während die Reize auf uns einprasseln, sondern auch in der Nacht, in der unverarbeitete Reize nachbearbeitet werden. Ein permanent erhöhter Stresspegel ist dann die Folge. Was sich für uns anfühlt wie ein ganz normaler und entspannter Tag, ist für ein hochsensibles Kind wie „Jahrmarkt im Kopf." Schon ein ganz normaler Spaziergang kann das hsK an seine Grenzen treiben. Denn während wir nur sehen, dass die Sonne scheint, spürt das Kind förmlich die intensive Wirkung der Sonnenstrahlen auf seiner Haut. Es nimmt jeden Windhauch wahr, der im Gegensatz zur Hitze steht und lässt es unangenehm frösteln. Es empfindet Steine unter den Schuhen als unangenehm und findet es völlig irritierend, dass Menschen Müll auf den Weg werfen. Es sieht auch das weinende Kind am Wegesrand und fragt sich noch abends, ob es diesem jetzt wohl besser geht. Dein Gepfeife, mit dem du dein Wohlempfinden zum Ausdruck bringst, dröhnt deinem Kind unangenehm neben den vielen anderen Geräuschen in den Ohren. Kurzum: Was sich für dich gut und schön anfühlt, kann für dein hsK bereits eine enorme Belastung bedeuten. Und genau aus diesem Grund ist es richtig, dass du dich mit dem Thema beschäftigst. Denn so findest du heraus, was dein Kind überfordert, warum es negativ reagiert und wie du bereits präventiv Situationen beeinflussen kannst, um Überforderungen aus dem Weg zu gehen.

Warum ist Hs für die Menschen wichtig?

Jetzt denkst du vielleicht, ob die Evolution nicht einen großen Fehler macht. Denn wenn Hs eine solche Belastung für die Menschen ist, warum gibt es sie denn dann überhaupt? Tatsächlich strebt in der Evolution ja alles danach, schwache Eigenschaften zu eliminieren und nur Stärken weiterexistieren zu lassen. Das läuft doch konträr dazu, dass fast ein Fünftel der Menschheit hochsensibel ist, nicht wahr? Ganz im Gegenteil! Es beweist, dass Hs eine wichtige und bedeutende Eigenschaft für die Menschen ist, denn ansonsten würde es sie tatsächlich bereits gar nicht mehr geben – schon gar nicht so häufig vorkommend. Denn mal ehrlich: Wenn man davon ausgeht, dass in einem Klassenraum mit 25 Kindern durchschnittlich 5 hsK sitzen, dann kann man nicht davon sprechen, dass es eine seltene Eigenschaft wäre. Auch hiermit befasste sich Dr. Elaine N. Aron ausführlich. Einen Beweis, dass Hs wichtig ist, möchte ich hier kurz anreißen. In einem Teich voll mit Fischen wurden auf der einen Seite Fallen aufgestellt, auf der anderen Seite Futter eingestreut. Und während 80% der Fische „leichtgläubig" in die Fallen tappte, gab es eine Gruppe von 20%, die erst einmal beobachtete und abwartete und nach dem Tod der Artgenossen die Fallen umging. Natürlich brauchen wir solche Instinkte heutzutage nur noch bedingt, weil unser Überleben ganz anders gesichert ist als das der Fische aus dem Beispiel. Aber dennoch gibt es diverse Menschen, die überschnell unfertige Pläne durchsetzen wollen und nur begrenzt in der Lage sind, den Überblick bis in die letzten Winkel zu behalten. Solche Menschen befinden sich – im Vergleich zu hochsensiblen

Personen – tragischerweise sehr viel öfter in Machtpositionen, da sie viel lieber im Vordergrund stehen. Ein wirklich perfektes Team entsteht jedoch erst dann, wenn ein Mensch, der gut unter Druck arbeiten und sich vor anderen Menschen präsentieren kann an der Spitze steht, ihm jedoch Berater zur Seite gestellt sind, die die Fäden im Hintergrund ziehen, die möglichen Konsequenzen bis zum Schluss durchdenken und neue Ideen entwickeln, die nur durch die Fähigkeit, um die Ecke zu denken, entstehen. Und genau hierin liegt die große Stärke von Menschen, die Hs in sich tragen. Sie arbeiten zwar deutlich langsamer als andere, brauchen mehr Pausen, um die dauerhafte Überreizung in den Griff zu bekommen und sind weniger belastbar, ABER: Wenn man ihnen die Möglichkeit gibt, sich innerhalb ihrer Belastungsgrenzen aufzuhalten, dann sind sie nicht nur für die Wirtschaft, sondern für die gesamte Gesellschaft von unschätzbarem Wert. Hochsensibilität ist weder eine Krankheit noch ein Hindernis oder eine Bürde – in Wirklichkeit ist sie eine wertvolle Fähigkeit, die es zu fördern gilt. Und genau deshalb bekommst du an dieser Stelle schon den nächsten Tipp. Dein hsK wird sich nicht ändern, weil es sich nicht ändern KANN. Du hast also exakt zwei Möglichkeiten. Entweder du versucht es in einen Anzug von der Stange zu pressen, in dem die gesellschaftlich gängigen Normen und Ansprüche als Naht dienen oder du fertigst einen maßgeschneiderten Schutzanzug an, indem du deinem Kind beibringst, seine Hs als etwas Gutes anzusehen und sich außerhalb der Normen frei zu bewegen. Das ist ganz allein deine Wahl.

Alltägliche Reizgebiete

Da du dieses Buch schon bis hierher gelesen hast, gehe ich davon aus, dass du schon jetzt dein Kind in einigen der angesprochenen Beispiele wiedererkannt hast. Dennoch möchte ich Reizthemen an dieser Stelle ganz direkt ansprechen. Denn während andere Eltern sich vielleicht verzückt darüber unterhalten, wie niedlich ihr Kind in dem Kleidchen oder dem Anzug auf der Hochzeit der Tante ausgesehen hat, erinnerst du dich wohl eher daran, dass es nicht aufhören konnte, an der Kleidung umher zu zupfen, sich zu kratzen und zu beschweren und schließlich bereits tränenüberströmt bei der Feier angelangt zu sein. Wenn Großeltern davon erzählen, wie stolz das Kind war als es allen gezeigt hat, wie es das erste Mal das Töpfchen benutzt

hat, bist du froh, wenn es überhaupt aufs Töpfchen geht, geschweige denn, vor anderen Menschen. Dein Kind würde wahrscheinlich eher vor Scham im Erdboden versinken. Und wenn ein Kindergartenkind verzückt vom Weihnachtsmann spricht, der die wundervollen Geschenke gebracht hat, fragt dein Kind sich womöglich, wie es denn sein könne, dass dieser in einer Nacht die ganze Erde umrundet und ob es wohl

Kinder gibt, die keine Geschenke bekommen. Insgesamt findet dein Kind die ganze Nummer mit dem Mann im roten Kostüm eher bedrohlich als fröhlich. Das sind drei Beispiele, die auf dich und dein Kind zutreffen können, aber natürlich nicht müssen. Reizgebiete für hsK verstecken sich in absolut jedem Alltag. Da es unterschiedliche Formen der Hs gibt, können diese Reizgebiete aber selbstverständlich auch unterschiedlich gelagert sein.

Aufgrund der hohen Stressbelastungen, denen hsK ausgeliefert sind, werden diese Alltagspunkte jedoch zu ganz besonderen Herausforderungen.

Die Schule und die Hausaufgaben sind hierbei bei den meisten hsK zu nennen. Das liegt jedoch keineswegs an der fehlenden Fähigkeit, dem Unterricht kognitiv zu folgen. Die meisten hsK sind mindestens durchschnittlich intelligent. Gerade hsK, die dem kognitiven Typen entsprechen (siehe nächstes Kapitel) sind sogar überdurchschnittlich intelligent, aber dennoch können sie im Regelbetrieb niemals zeigen, was sie können. Aufgrund deines jetzigen Wissensstandes der Reizverarbeitung erschließt sich dieses ja auch von selbst. Selbst für nsK ist der Schulalltag schwierig und überreizend. Auch sie haben oft Schwierigkeiten, sich durchgängig zu konzentrieren und auch bei ihnen wird das Erledigen der Hausarbeiten nicht selten zur Wutprobe. Aber ein hsK kann das Durcheinander, das in Schulen herrscht sehr viel weniger ertragen. Wie könnte es dem Unterricht folgen, bei den Reizen, die unentwegt einprasseln? Aus diesem Grund nutzen viele Kinder, die eine Hs in sich tragen, eine ganz simple Strategie. Sie entziehen sich dem Unterricht, indem sie zu träumen beginnen. Das ist purer Selbstschutz, denn sie sind nun einmal nicht in der Lage, sich der Überreizung einen ganzen Vormittag auszusetzen. Und dennoch gelangen mehr Reize an sie heran als es bei nsK der Fall ist. Wenn du deinem Kind dann am Nachmittag bei den Hausaufgaben vorwirfst, dass es doch gar nicht sein könne, dass es von Zehnerübergängen oder Konsonantenverbindungen noch nichts gehört habe, dann ist es umso verständlicher, dass du als Blitzableiter der Anspannung deines Kindes dienst.

Auch Hektik ist absolutes Gift für dein Kind. Während du nach draußen schaust, den Frühlingshimmel siehst und dich für eine leichte Jacke entscheidest, erkennt dein Kind, dass am Horizont Wolken zu sehen sind und fragt sich, ob die Regenjacke nicht doch die bessere Wahl wäre. Wenn du ihm dennoch ebenfalls nur die leichte Jacke anziehst, mit dem Kommentar, dass ihr es gerade eilig hättet, erhältst du nichts weiter als ein verunsichertes Kind, welches nicht von dem Gedanken loskommt, möglicherweise nass zu werden – was für dein Kind ebenfalls eine besondere Herausforderung darstellt. Noch zwei solcher Situationen und du hast den perfekten Wutausbruch provoziert.

Geräusche sind ein enormer Stressfaktor für hsK. Die stetige Beschallung durch das Radio, möglicherweise sogar das Aufdrehen der Lautstärke bei beliebten Liedern oder die Geräusche des Straßenverkehrs können dein Kind auf die Probe stellen. Wenn du während eines Streits laut wirst oder sogar schreist, wirst du mit größter Wahrscheinlichkeit auf intensive Gegenwehr oder den vollständigen Rückzug stoßen. Zugegeben: Das ist bei jedem Kind der Fall, denn Schreien bringt uns Eltern generell nicht weiter, aber hsK leiden noch um ein Vielfaches mehr darunter. Zum einen, weil sie generell überreizt sind und ihr Verhalten in den meisten Fällen nicht steuern und zum anderen, weil ihre Ohren die Reize intensiver wahrnehmen und als unmittelbare Gefahr einstufen.

Medien überlasten nachgewiesenermaßen jedes Kind. Sei es das Fernsehen, das Smartphone oder Tablet oder das Spielen mit medialen Spielzeugen, die Geräusch- und Lichteffekte mitbringen. Ich bin kein genereller Gegner von Medien, ganz im Gegenteil. Gezielt eingesetzt und gut beobachtet können sie einen enormen Lerneffekt mit sich bringen. Aber gerade bei deinem hsK solltest du den Einsatz jeglicher Medien umso mehr dosieren und beobachten. Denn spätestens beim Abschalten des Fernsehers nach einem zu langen Film oder wenn du deinem Kind das Smartphone, mit dem es gerade gespielt hat, wegnimmst, wird sich die Überreizung entladen – garantiert. Und dein Kind wird mit größter Wahrscheinlichkeit nicht den Fernseher oder das Smartphone anschreien, sondern auch hier die Person, die gerade zur Hand ist. Und das ist ja nun einmal wer?

Wenn du und dein Partner einen Streit haben, dann ist das eine emotionale Herausforderung, der dein Kind definitiv nicht gewachsen ist. Es erkennt eure angespannte Körperhaltung, hört den veränderten Tonfall, nimmt das Zucken in euren Mundwinkeln und die Verengung eurer Augen wahr. Euer Kind leidet unter den Worten, die ihr sprecht genauso als würdet ihr sie zu ihm sagen. Es kann weder eure Traurigkeit noch eure Wut ertragen und wird dementsprechend reagieren.

Die Liste, der alltäglichen Reizsituationen lässt sich unendlich weiterführen. Ich wollte dir an dieser Stelle allerdings nur einen ersten Einblick geben in die Situationen, die Konflikte provozieren können. Du selber kennst dein Kind am besten und du bist in den meisten Fällen mit dabei, wenn Konflikte entstehen. Du weißt, welche Situationen ganz besonderes Konfliktpotenzial bergen. Und genau deshalb ist es deine Aufgabe zu ergründen, wie ihr diese Situationen am besten handhaben könnt, damit ihr einen guten gemeinsamen Weg findet. Du wirst im praktischen Teil dieses Buches diverse Strategien an die Hand bekommen, die aber selbstverständlich nicht alle Situationen abdecken können. Deshalb gebe ich dir den Rat: Werde selber kreativ. Beziehe dein Kind (je nach Alter) in die Entscheidung mit ein, wie ihr besser mit schwierigen Situationen umgehen könnt – denn nur auf diesem Weg wird euer Leben sich deutlich zum Positiven verändern können.

Typen der Hochsensibilität

Wie bereits am Rande erwähnt, gibt es nicht nur eine Form der Hs. Insgesamt ist sie aufzugliedern in drei Teilgebiete, die emotionale, die sensitive und die kognitive Hs. In den meisten Fällen zeigen Menschen nicht nur die Merkmale eines Hs-Typen. Meistens finden sich zwar Eigenschaften von allen drei Typen im Charakter des Menschen mit Hs, jedoch stechen ein bis zwei Typen ganz besonders extrem heraus. So ist es zum Beispiel möglich, dass ein Kind in einem IQ-Test einen durchschnittlichen Wert erzielt, jedoch in dem gesondert abgefragten Bereich der emotionalen Intelligenz deutlich überdurchschnittlich viele Punkte holt. Du merkst, dass der Bereich der Hs extrem komplex ist. Welche Unterschiede mit den positiven wie negativen Merkmalen die verschiedenen Typen der Hs mit sich bringen, kannst du nun erlesen.

Emotionale Hochsensibilität

Ein emotional hsK nimmt nicht nur die eigenen, sondern auch die Gefühle anderer Menschen intensiv wahr. Es erkennt sämtliche Stimmungsveränderungen, bevor andere sie sehen. Dabei nutzt es den Stimmklang, die Körperhaltung sowie Gestik und Mimik als Anhaltspunkte. Diese Fähigkeit hat Vor- und Nachteile. Zu den Vorteilen zählt der Eigenschutz des Kindes. Denn es erkennt natürlich auch Bedrohungen, die von seinem Gegenüber ausgehen schneller als andere Kinder. Weiterhin ist es in der Lage, sich tief in die Gefühlswelt anderer Menschen hineinzuversetzen. Es ist empathisch und fair, denn es kann das Leid von Anderen nicht ertragen. Sieht es jemanden leiden, dann versucht das Kind, zufriedenstellende Lösungen zu finden. Das Problem liegt allerdings darin, dass es sich dabei häufig selbst vergisst. Um die Probleme von anderen zu lösen, nimmt es sich grundsätzlich selbst zurück und möchte auf vieles verzichten. Alleine dieser Punkt ist natürlich kontraproduktiv für den Selbstwert des Kindes. Denn es vermittelt sich ja selber immer wieder, dass es weniger wert ist als sein Gegenüber. Zusätzlich „zerfließt" das Kind förmlich in dem Leid anderer Lebewesen. Das betrifft in der Regel sowohl Tiere als auch Menschen. Das Kind mit emotionaler Hs fühlt den Schmerz, die Traurigkeit, Wehrlosigkeit oder die Wut von anderen tief in sich selbst. Selbstverständlich gilt das auch für positive Emotionen wie Freude oder dergleichen, aber wie du bereits weißt, nimmt unser Gehirn häufig eher negative Schwingungen auf, damit wir uns gegebenenfalls verteidigen können. So ist es auch bei den Gefühlen, die ein hsK aufschnappt. Sitzt es beispielsweise mit dir im Restaurant und wird plötzlich unruhig und fahrig, kann es durchaus sein, dass es draußen im Vorbeigehen ein streitendes Pärchen oder ein weinendes Kind gesehen hat. Die Frage, ob die Situation zwischenzeitlich geklärt ist, lässt es sehr viel schlechter los als nsK. Auch Werte und Normen haben für das emotional sensible Kind einen ganz besonderen Stellenwert. Es weiß, dass das Gegenüber bestimmte Dinge von ihm erwartet und möchte diese Erwartungen bestmöglich erfüllen, um keine Enttäuschung hervorzurufen. Diese Wertvorstellungen erwartet es dann aber auch von anderen. So ist es durchaus möglich, dass das Kind als „Klugscheißer" oder „Spielverderber" abgestempelt wird, weil es eben nicht über Grenzen geht und andere auf diese aufmerksam macht. Häufig zieht es Erwachsene als Helfer hinzu, wenn es sieht, dass Grenzen überschritten werden. Dann hat es zusätzlich natürlich auch noch den Ruf, eine Petze zu sein. Aber es geht ihm keineswegs darum, dass das Kind, welches über Grenzen geht, bestraft wird. Niemals hat es im Kopf, jemand anderem zu schaden. Vielmehr möchte es verhindern, dass es anschließend zu Streit und Enttäuschung kommt und versucht deshalb, solchen Situationen von Vornherein aus dem Weg zu gehen.

Die Gefahr bei einer emotionalen Hs liegt damit natürlich auf der Hand. Es kann passieren, dass es in eine Abwärtsspirale aus Negativemotionen rutscht, weil es nicht nur mit seinen eigenen, sondern auch mit den Gefühlen anderer konfrontiert wird. Im schlimmsten Fall kann eine Depression die Folge sein. Ein emotional hsK sollte daher ganz besonders darin geschult werden, sich besser abzugrenzen und positive Impulse zu schaffen. Das zweite große Risiko ist die soziale Ausgrenzung. Diese kann sowohl von anderen Kindern ausgehen, weil sie sich meistens nicht an sämtliche Grenzen halten möchten. Zum anderen kann das hsK diese aber auch selber hervorrufen, indem es sich in sich zurückzieht und den Kontakt mit anderen Kindern meidet. Das ist ein Selbstschutz. Es spürt, dass ihm die emotionalen Reize anderer Menschen nicht guttun und grenzt sich selber aus diesem Grund ab. Auch hier ist es gut, ihm zu helfen, emotionale Bindungen einzugehen ohne selber darunter zu leiden.

Sensitive Hochsensibilität

Die sensitive Hs bezieht sich auf alle körperlichen Empfindungen. Besonders häufig kommt es im Bereich der Kleidung zu großen Spannungen. Während wir bestimmte Stoffe als normal oder sogar angenehm empfinden, kann das hsK sofort das Gefühl des Kratzens verspüren. Häufig hat es Probleme mit Nieten, Nähten, Knöpfen, eingenähten Schildchen und Reißverschlüssen. Zu lange oder zu kurze Pulloverärmel und Hosenbeine sind ein ebensolches „No-Go". Das morgendliche Anziehen kann hier eine besonders große Herausforderung werden. Normalsensible Menschen können es häufig gar nicht nachvollziehen, dass der Pullover oder die Hose sich unangenehm anfühlen sollen. Aber glaube mir: Wenn dein Kind sagt, es fühlt sich nicht gut an, dann tut es das nicht, um dich zu ärgern. Es hat tatsächlich ein Problem mit dem entsprechenden Kleidungsstück. Dasselbe gilt für das Duschen und Baden. Viele hsK haben große

Probleme damit, die Haare gewaschen zu bekommen. Das Gefühl von prasselndem Wasser auf dem Kopf ist für sie nicht nur beängstigend, sondern auch wirklich ausgesprochen unangenehm bis schmerzhaft. Auch die Wetterlage ist für Kinder mit sensitiver Hs eine besondere Herausforderung. Direkte Sonneneinstrahlung können sie ebenso wenig vertragen, wie Wind. Sie schwitzen, bzw. frieren sehr schnell – angenehm fühlt sich die Temperatur für sie nur sehr selten an. Regen ist dann zusätzlich schwierig, denn das Gefühl von nasser Kleidung auf dem Körper kann es kaum ertragen. Dieses gilt im Übrigen auch für Ärmel, die beim Waschen nass geworden sind. Vielleicht hast du dein Kind dabei beobachtet, wie es mit erhobenen Händen im Sandkasten sitzt oder versucht aus dem Gras aufzustehen ohne die Hände am Boden abzustützen. Ein solches Kind wirst du mit großer Wahrscheinlichkeit auch nicht barfuß im Gras tanzen sehen. All das hängt damit zusammen, dass ihm die Reize auf dem Körper unangenehm sind.

Es ist naheliegend, dass ein sensitiv hsK häufig eine niedrigere Schmerztoleranz hat als ein nsK. Aus diesem Grund werden hsK häufig als Mimosen oder Memmen betitelt. Aber auch hier ist es absolut kein eigenes „Verschulden“. Durch die intensive Wahrnehmung der Reize, werden auch leichte Schmerzen als sehr intensiv wahrgenommen.

Jetzt kommt ein Punkt, den du ganz sicher kennst, wenn du ein Kind mit sensitiver Hs hast. Jede Mahlzeit kann zur enormen Anstrengung werden. Denn sowohl Gerüche, als auch Geschmäcker und Konsistenzen machen einem hsK Probleme. Es schmeckt in einem gemischten Multivitaminsaft mit absoluter Treffsicherheit die Zutat heraus, die es nicht mag. Auch mit den gängigen Tricks, das Gemüse im Auflauf zu verstecken wirst du nicht weit kommen, denn dein Kind wird dich damit überraschen, wie einfach es das, was es nicht mag, mit seiner Zunge heraussortieren kann. Jedes noch so kleine Kraut kann zur Zerreißprobe werden, denn dieses hebt sich für dein Kind zu stark von dem Rest ab. Aber auch das Gefühl von Hunger und Durst kann ein hsK nicht ertragen. Wir alle kennen es, dass unsere Laune sinken kann, wenn wir zu lange nichts gegessen haben. Für ein hsK bricht eine Welt zusammen, wenn sein Hunger nicht zeitnah gestillt wird. In solchen Momenten können dann keinerlei sonstige Anforderungen an das Kind gestellt werden, denn außer der „Befriedigung des Hungerbedürfnisses“ ist nichts wirklich wichtig. Natürlich sind das alles nur Beispiele, aber wenn du ein hsK hast, dann wirst du sicherlich schon gedacht haben: „Ja, genau das ist mein Kind.“

Kognitive Hochsensibilität

Wie das Wort bereits sagt, bezieht sich die kognitive Hs auf die Intelligenz des Kindes. Ein Kind, welches diese Form der Hs aufweist, ist im Normalfall auch hochbegabt. Es ist in der Lage, komplizierte Zusammenhänge sofort zu erfassen und über den Tellerrand hinauszudenken. Es findet rasch kreative Lösungen für Probleme, die auf kognitivem Weg gelöst werden müssen. Dabei denkt es um die Ecke und gibt nicht auf. Es ist ausgesprochen wissbegierig und gibt sich niemals mit einem einfachen „darum“ zufrieden. Das kann nicht nur für dich, sondern auch für nsK schwierig sein.

Denn hat sich dein hsK erst einmal in ein Thema verbissen, lässt es nicht los, auch wenn die anderen bereits längst damit abgeschlossen haben. Das Image des „Strebers“ oder im höheren Alter des „Nerds“ trägt es dadurch häufig mit sich herum.

Dennoch muss ein Kind, welches eine kognitive Hs in sich trägt, in der Schule nicht immer ein Überflieger sein. Denn natürlich leidet es – genau wie die Kinder, die eher zu den anderen beiden Typen der Hs zählen – ebenso unter Ablenkung und Reizüberflutung. Die Konzentration ist bei ihm dann ebenfalls stark eingeschränkt. Demnach fällt es ihm ausgesprochen schwer, seine Fähigkeiten zu zeigen. Nicht selten werden hochintelligente Kinder in der Schule als schwache Schüler eingestuft. Zum Teil gelten sie sogar als „Störenfriede“, weil sie sich mit anderen Dingen beschäftigen, weil sie Unterrichtsinhalte als unterfordernd betrachten. Bei Kindern mit kognitiver Hs kommt neben dieser inhaltlichen Unterforderung jedoch die Reizüberforderung hinzu. Und das ist eine Mischung, die deinem Kind kaum einen anderen Ausweg lässt, als sich in sich zurückzuziehen.

Merkmale

der Hochsensibilität in unterschiedlichen Altersstufen

In diesem Kapitel möchte ich dir ein paar Merkmale näherbringen, die hsK in bestimmten Altersstufen entwickeln. Denn wie du bereits weißt, reagiert schon ein hochsensibler Säugling (im Folgenden hsS) empfindlicher auf Reize als ein normalsensibler Säugling (im Folgenden nsS). So kommen in unterschiedlichen Altersstufen natürlich unterschiedliche „Auffälligkeiten“ hinzu. Wir als Erwachsene sollten uns immer wieder diese Auffälligkeiten bewusst machen, damit wir im Umgang mit unseren Kindern sensibler reagieren können.

Säugling

Indiz für eine Hs kann das Schrei- und Weinverhalten des Säuglings sein. Ein hsS ist von den neuen Eindrücken dauerhaft überreizt. Ein leichter Knall der Tür, ein sich bewegendes Mobile, das Ausfallen des Nachtlichts oder Musik können völlig ausreichen, um diese Reizüberflutung zu maximieren, sodass er zu weinen oder zu schreien beginnt. Das bedeutet selbstverständlich nicht, dass jeder Säugling, der außergewöhnlich viel weint oder schreit hochsensibel ist. Und auch schreit nicht jeder hsS außergewöhnlich viel. Wenn wir als Erwachsene ein gutes Gespür für die Bedürfnisse unseres Babys haben und bereits unterbewusst wahrnehmen, dass unser Kind gestresster ist als andere Kinder, dann beginnen wir häufig von selbst, Reize zu minimieren. Und in diesem Fall bieten wir unserem Säugling natürlich genau das, was er braucht, um eben nicht zu schreien. Dennoch ist ein extremes Wein- und Schreiverhalten ein erster Anhaltspunkt für eine mögliche Hs.

Ein hsS beobachtet seine Umgebung ausgesprochen intensiv. Er schaut jeder noch so kleinen Bewegung hinterher, reagiert aufmerksam auch auf leise Geräusche und hält lange und intensiv Augenkontakt mit seinen Eltern. Er scheint interessiert an seiner Umwelt zu sein und kann dabei gleichermaßen offen wie verunsichert wirken. Falls dein Kind bereits aus dem Säuglingsalter heraus ist, erinnere dich doch einmal zurück, wie er sich verhalten hat. Im besten Fall hast du sogar Videos, die du dir einmal anschauen kannst. Versuche dabei genau darauf zu achten, in welchen Momenten dein Säugling sich in welche Richtung bewegt. Reagiert er auf seine Umwelt oder scheint er eher desorientiert zu sein? Gerade, wenn du dich bisher noch nicht intensiv mit dem Thema Hs auseinandergesetzt hast, ist es nicht ganz einfach, Situationen zu erkennen, in denen eine Hs offensichtlich wird. Aber du wirst merken, dass dir im Laufe der Zeit wesentlich mehr Anhaltspunkte auffallen werden, wenn du darauf achtest.

Kleinkind

Nahezu jedes Kind kommt irgendwann in die gefürchtete „Trotzphase". Das ist ein normaler Prozess, der dem Kleinkind hilft, sich als Individuum zu identifizieren und herauszustellen, dass es selbstständiger werden möchte. Wenn dein Kind trotzt, bockt oder verzweifelt, muss das allerdings noch gar nichts mit dieser Phase zu tun haben. Du weißt, dass die Reizüberflutung der elementare Faktor der Hs ist. Ein überreiztes Kleinkind ist allerdings noch völlig unfähig, zu äußern, dass es überfordert ist. Sicher hast du schon beobachtet, wie Kinder (auch nsK) über ihre Grenzen hinaus gehen und anschließend emotional völlig zusammenbrechen. Das kann in dem Moment sein, in dem die Eltern sie aus dem Kindergarten abholen. Bis zu dem Moment mussten sie sich zurücknehmen, sich an Regeln halten, sich in der Gruppe zurechtfinden und haben möglicherweise dennoch getobt, gespielt und gepowert. Sie sind bis zum Anschlag gereizt und dann kommt ihre feste und wichtigste Bezugsperson. Die Sicherheit, die sie dadurch bekommen, ist nicht in Worte zu fassen. Sie werden übermannt von Erleichterung und der gesamte Druck fällt von ihnen ab. Es braucht dann nicht einmal mehr Kritik oder Anweisungen durch die Eltern, um einen „Trotzanfall" hervorzurufen. Bei einem hsK sind die Grenzen jedoch deutlich nach unten verschoben. Um die Reize aufzunehmen, die ein nsK am gesamten Vormittag aufnimmt, braucht es deutlich weniger Zeit. Es kommt mit der Verarbeitung nicht mehr hinterher und hat dann genau zwei Möglichkeiten. Entweder, es eskaliert, was sich in scheinbaren Wutausbrüchen äußert oder es zieht sich zurück in dem Versuch, sich von weiteren Reizen abzuschotten und beginnt zu grübeln. Ganz besonders sensibel reagieren die Kinder auf jegliche Veränderungen. Der Einstieg in den Kindergarten, der Wechsel eines Erziehers und selbst der Übergang vom Spielen zum Schlafen oder Essen kann außergewöhnlich schwierig sein. In den Urlaub fahren oder gar ein Umzug kann für ein hsK und dessen Familie zu einer besonderen Herausforderung werden. Besonders wichtig ist es, jede Veränderung sehr gut anzubahnen. Im Alltag kann da ganz simpel eine Sanduhr helfen, die dem Kind anzeigt, wann sie Spielzeit beendet wird. Versuche, Veränderungen langsam und begleitet zu gestalten und kleinschrittig vorzubereiten. Denn nur dann wird dein hsK diese verarbeiten können.

Schulkind

Der Übergang zur Schule ist für hsK eine große Herausforderung. Die Reize werden im Vergleich zum Kindergarten nicht weniger, aber die Anforderungen steigen deutlich. Es wird erwartet, dass dein Kind feste Zeiten einhält, denen es vorher nicht ausgesetzt war. Es hat keinerlei Rückzugsorte mehr und muss seine Konzentrationsfähigkeit über eine bestimmte Dauer abrufen können. Das ist für jedes Kind eine Herausforderung. Aber genau hier hat dein hsK doch seine Schwachstelle. Es ist nicht in der Lage, sich auf Abruf zu konzentrieren, denn die Reizverarbeitung ist dauerhaft aktiver als bei nsK. Tragischerweise gibt es dennoch in Schulen keinen Nachteilsausgleich für hsK, die aufgrund ihrer Hs nicht die gewünschten Ergebnisse erzielen können. Dieses liegt daran, dass Hs eben keine Krankheit oder Behinderung ist, sondern es lediglich eine Eigenschaft darstellt und somit kein offizieller Handlungsbedarf besteht. Für dein Kind ist das eine Katastrophe. Es ist durchaus möglich, dass es große Teile der Unterrichtsinhalte nicht aufnehmen kann, schlicht weil ihm zwei Minuten Pause fehlen oder es einen kleinen Zwischensnack bräuchte, für den jedoch gerade keine Zeit ist. Die Kommunikation zwischen Schule und Eltern ist bei hsK enorm wichtig. Denn es steht in der Macht der Lehrkräfte, deinem Kind die bestmöglichen Chancen zu geben. Dafür reichen oft bereits Kleinigkeiten aus, die deinem Kind den Schulalltag jedoch enorm erleichtern. Das ist das, was ich anfangs mit dem Merksatz für dich herausstellen wollte. Dein Kind ist NICHT in der Lage, sich grenzenlos anzupassen. Seine Bedürfnisse müssen grundsätzlich an erster Stelle stehen. Denn erst, wenn diese gestillt sind, wird es leistungsfähig. Lerne, zusammen mit deinem Kind und den Lehrern, zu erkennen, wann dein Kind eine Situationsanpassung braucht und was man am besten tun kann. Das Kind sollte möglichst in diese Entscheidung mit einbezogen werden, denn man darf nie vergessen, dass es mit seiner außergewöhnlichen Aufmerksamkeit auch eine große Reife mit sich bringt, die ihn solche Entscheidungen treffen lässt. Frage dein Kind, was es gerade braucht, um den Akku wieder aufladen zu können. Dasselbe gilt natürlich auch für die Hausaufgabenzeit. Es ist eine gängige Erwartung, dass ein Kind in der Lage sein sollte, sich an die Hausaufgaben zu setzen und durchzuarbeiten, bis diese fertig sind. „Deshalb bekommen die Kinder ja immer nur wenig auf", ist ein Standartsatz. Aber ich möchte an dieser Stelle fragen, ob es tatsächlich WICHTIG ist, Hausaufgaben in einem Rutsch durchzuziehen, womöglich mit Stress, Streit, Wut und Traurigkeit. Was genau spricht dagegen, die Hausaufgabenzeit deinem Kind anzupassen? Wenn ihr bereits früh lernt, Strategien zu entwickeln, die dein Kind leistungsfähig machen, dann hat es deutlich mehr davon, als wenn es permanent unter Druck und Frust arbeiten muss. Diese Fähigkeit, auf sich selbst zu achten, wird es auch später im Berufsalltag hervorragend nutzen können.

Pubertät

Die Pubertät ist die nächste gefürchtete Phase eines jeden Elternteils. Die Veränderung des Körpers, der Sexualität, der eigenen Identität, die Entscheidung, wie die Zukunft aussehen soll und der Wunsch, sich auszuprobieren stehen im Vordergrund. Auch der Kontakt zu Alkohol und Drogen wird zum großen Thema. Die Abgrenzung von den Eltern, die gleichermaßen aufregend wie angsteinflößend ist, stellt jeden Jugendlichen vor Probleme. Dass ein hochsensibler Jugendlicher (hsJ) in dieser Zeit noch stärker verunsichert ist als normalsensible Jugendliche ist naheliegend. Die Veränderungen, die in dieser Zeit vonstattengehen, sind viel zu viel für ihn und überfordern ihn durchgehend. Je nachdem, wie selbstbewusst er in diesem Alter ist, steht er unter Umständen noch mehr zwischen den Stühlen als normalsensible Altersgenossen. Sein Werte- und Normverständnis steht den Bedürfnissen, über die Stränge zu schlagen, im Weg. Dieses Bedürfnis haben aber vielleicht mögliche Freunde von ihm. So muss sich der Jugendliche nun entscheiden, kann jedoch nicht so einfach aus seiner Haut heraus. Bei jedem Grenzübertritt hat er das Gefühl, andere zu verletzen, was er kaum aushalten kann. Er entwickelt sich möglicherweise immer mehr zum „Langeweiler". Die Wahrscheinlichkeit, dass er sich sozial noch mehr zurückzieht, ist groß. Das Gefühl, „anders" zu sein kann ihm noch einmal bewusster werden. Die Angst zu versagen kann übermächtig werden. Auf einen hsJ muss besonders aufgepasst werden. Das bedeutet nicht, dass du ihn einengen oder ihm besonders viel verbieten sollest, aber du musst seine Gefühlslage beobachten und ihm wenn möglich versuchen, einen Weg aufzuzeigen, der für ihn richtig ist. Denn die Gefahr von psychischen Problemen ist in diesem Alter besonders hoch. Du darfst ja nicht vergessen, dass dein jugendliches Kind in dieser Zeit noch mehr als sonst ebenso den Gefühlsschwankungen und Problemen Gleichaltriger ausgesetzt ist. Immer würde er sich eher um die Probleme seines besten Freundes kümmern als um seine eigenen. Dabei versucht dein Kind, eine Fassade aufrechtzuerhalten, um den Ansprüchen zu genügen. Deine Aufgabe ist es, die Unsicherheit und die Gefühle hinter dieser Fassade zu erkennen, damit er auch diesen Entwicklungsschritt erfolgreich absolvieren kann. Ein besonderes Indiz für Unsicherheit und Ängste ist die Reizbarkeit. Viele Jugendliche reagieren in der Pubertät gereizt. Und in der Regel ist das ein Ausdruck von Überforderung. Versuche, nicht mit anklagenden Reizen auf diese scheinbare Abwehr zu reagieren, sondern mit Verständnis und Rat. Denn jeder Reiz, den du von außen zusätzlich hineinbringst, ist einer mehr auf dem Turm der Überforderung deines Kindes.

Hochsensibilität

hautnah

Die folgende Kurzgeschichte nimmt dich mit in den Alltag einer Familie, von denen ein Kind hochsensibel ist. Die Theorie, die du in den vergangenen Kapiteln erlesen konntest, wird in dieser Geschichte noch einmal aufgegriffen. Marie ist vorwiegend hochsensibel in den Bereichen der Emotionalität und Sensitivität. Vielleicht entdeckst du in der Geschichte durch dein bereits vorhandenes Wissen einige Fehlentscheidungen, die Maries Eltern treffen, weil sie sich über die Hs ihres Kindes nicht bewusst sind.

Marie ist sieben Jahre alt und besucht die erste Klasse. Damit ist sie etwas älter als ihre Klassenkameraden, aber im letzten Jahr hatten alle empfohlen, dass sie ein Jahr zurückgestellt wird. „Warum das?“, hatte ihre Mutter anfangs gefragt. Denn sie hatte keine Entwicklungsverzögerungen bei ihrem Kind bemerkt.

„Das ist auch nicht das Problem“, beschwichtigte die Erzieherin immer wieder. „Marie ist gut entwickelt. Aber sie ist ausgesprochen introvertiert und schüchtern. Sie hat große Probleme, sich in Gruppen zu integrieren und ist völlig abgelenkt von allem, was sie um sich herum sieht. Zusätzlich hat sie eine geringe Frustrationstoleranz. Im Schulalltag hätte sie mit diesen Verhaltensauffälligkeiten große Probleme. Und das würden wir hier im Kindergarten gerne noch in den Griff bekommen.“ Natürlich gingen alle damals davon aus, dass Marie diese Schwierigkeiten besiegen könnte, wenn sie ein wenig älter werden würde. Aber damit hatten sie sich getäuscht.

Auch jetzt mit sieben Jahren hat sich Maries Verhalten nicht geändert. Das beginnt schon morgens, wenn Maries Mutter ihr die Kleidung für den Tag raussucht. „Das will ich nicht anziehen, Mama!“, sagt Marie gerade nachdrücklich. „Das kratzt total am Hals.“ Aber Maries Mutter nimmt diese Einwände kaum wahr. Sie streicht über den Kragen des Shirts, welches sie in der Hand hält, und antwortet: „Da kratzt überhaupt nichts.“ Schon da beginnt Maries Stimmung zu kippen. Immer wieder kratzt sie sich provokant über den Hals, um ihrer Mutter zu zeigen, dass sie sich unwohl fühlt. Doch diese dreht genervt die Augen. „Jetzt reiß dich mal zusammen, Marie!“, sagt sie nach einer Weile mit erhobener Stimme. Marie steigen Tränen der Wut in die Augen, aber sie versucht, sich zusammenzureißen.

Da die Morgenroutine länger gedauert hat als normal, schmiert Maries Mutter ihr das Frühstücksbrot. „Ich mag doch keine Margarine unter Käse“, sagt Marie mit leiser

Stimme. Sie ist noch eingeschüchtert von der vorherigen Situation, denn sie kann nur schlecht damit umgehen, wenn ihre Mutter laut wird. „Mensch, Marie. Dein Körper braucht aber Fette. Du isst sowieso zu wenig. Ein wenig Margarine wird dich nicht umbringen." Und damit legt Maries Mutter das Brot vor sie auf den Tisch. Marie schaut das Brot an wie ihren ärgsten Feind. Am liebsten würde sie es ihrer Mutter vor die Füße knallen, aber sie möchte sie nicht verletzen. Schon in der vergangenen halben Stunde konnte das Mädchen die unterschiedlichen Gefühlslagen ihrer Mutter ganz genau beobachten. Von „genervt", über „wütend" bis hin zu „Resignation" war alles dabei und Marie möchte diese Gefühle nicht noch mehr provozieren. Somit beißt sie von ihrem Brot ab. Die Margarine fühlt sich kalt und schleimig in ihrem Mund an. Sie versucht, so hohl wie möglich zu kauen, aber der leicht salzige Geschmack und die Konsistenz finden immer wieder den Weg zurück auf ihre Zunge. So beginnt sie das Brot voller Ekel in den Backentaschen zu bunkern – denn runterschlucken, das weiß sie ganz genau, ist für sie völlig unmöglich. „Jetzt iss endlich. Wir müssen zur Schule!", beginnt ihre nervöse Mutter nun auch noch zu drängeln. Doch auch der Versuch, das Brot mit Saft hinunterzuspülen, misslingt. „Jetzt spuck es halt aus!", sagt ihre Mutter frustriert als sie einen eiligen Blick auf die Uhr wirft. Marie hört, wie ihre Mutter leise murmelt, dass sie sich wünschen würde, ihre Tochter würde sich nicht immer so anstellen. Das trifft Marie mitten ins Herz. Sie möchte so gerne perfekt für ihre Mutter sein, denn sie liebt sie von ganzem Herzen. Aber sie kann einfach nie gegen ihre Gefühle ankommen. Sie ekelt sich so sehr vor so vielen Dingen und ständig tut ihr die Haut weh. Leise und ohne, dass ihre Mutter es hört, sagt sie: „Glaub mir Mama, für mich ist das auch schwer. Wenn ich könnte, ich würde es selber ädern!“

Bereits völlig überreizt kommt Marie in der Schule an. Unentwegt fragt sie sich, was sie ihrer Mutter heute Nachmittag Gutes tun kann, damit diese wieder fröhlicher ist. Sie weiß zwar, dass es verboten ist, die gepflanzten Blumen aus den Beeten zu pflücken, aber ihre Mutter glücklich zu sehen überwiegt das Gefühl, Ärger bekommen zu können. Marie entscheidet sich für einen Kompromiss und reißt die Blumen nicht aus, sondern gräbt ein besonders schönes Exemplar mitsamt der Wurzel heraus, damit dieses nicht stirbt, sondern noch ein wenig weiterwachsen kann, wenn sie es zuhause wieder einbuddelt. Als sie die Blume endlich in den Händen hält und sie gerade vorsichtig in ihren Ranzen bringen möchte, beobachtet sie, wie ein Junge ein Mädchen an den Haaren zieht. „Das darfst du nicht!“, brüllt sie über den Schulhof hinweg, aber der Junge schreit lediglich zurück: „Renn doch zur Lehrerin, das kannst du Petze doch am besten.“ Marie ist getroffen. Sie ist keine Petze! Das weiß sie ganz genau. Aber sie kann es doch nicht zulassen, wenn andere Menschen leiden. Weil er nun aber von dem Mädchen ablässt, schleicht Marie sich in den Klassenraum hinein und legt die Blume vorsichtig ab.

Als sie mittags zuhause ankommt und ihre Schulsachen aus der Tasche holt, fehlen ihrer Mutter die Worte. All ihre Utensilien sind mit Erde verdreckt. Gemeinsam müssen sie die Sachen säubern, was Marie total eklig findet. Schon vorhin hatte sie Schwierigkeiten mit der Erde an ihren Fingern, aber in Verbindung mit Wasser wird es noch schlimmer. Sie ist den Tränen nahe. Dass sie ihrer Mutter mit der Blume lediglich eine Freude bereiten wollte, mag sie gar nicht mehr sagen, denn sie sieht, dass diese jetzt schon resigniert. „Du weißt, dass du keine Blumen pflücken sollst, Marie. Das ist verboten!“ Und mit diesen Worten wirft Maries Mutter die angeschlagene Blume in den Mülleimer. Traurig und beschämt senkt Marie den Kopf. „So, jetzt geht's an die Hausaufgaben. Was hast du auf?“, fragt ihre Mutter mit einem angespannten Tonfall. Marie holt ihr Heft heraus und schlägt es auf. Doch sie hat große Probleme mit den Aufgaben. Der Lösungsweg will ihr einfach nicht einfallen. „Komm Marie, das habt ihr doch gerade heute gelernt! Vielleicht passt du in der Schule einfach mal ein bisschen besser auf!“ Und da passiert es: Marie schleudert mit einer einzigen Armbewegung all ihre Sachen vom Tisch, springt wütend vom Tisch auf und schreit: „Dann mach du doch meine Hausaufgaben, wenn du so klug bist!“ Und mit diesen Worten rennt sie weinend aus dem Zimmer.

Vielleicht denkst du jetzt, dass Maries Mutter doch ein wenig einfühlsamer hätte sein können. Denn Marie hat doch im Grunde genommen mit allem recht, was sie sagt, denkt und tut, nicht wahr? Und dennoch gerät ihre Mutter mit ihr an ihre Grenzen. Und mit großer Wahrscheinlichkeit wird es dir im Alltag ebenso gehen. Mit einem hsK zu leben ist – bei aller Liebe, die wir empfinden – nicht leicht. Denn oft sind sie mit sich, ihren Gefühlen und den Extremreizen dauerhaft überfordert. Maries Mutter oder im Allgemeinen Eltern von hsK einen Vorwurf zu machen, ist nur dann leicht, wenn man sich nie in der Lage befand. Denn auch wenn wir Marie in der Geschichte absolut verstehen können, dürfen wir nicht vergessen, dass wir ihre Gefühle und Gedanken mitlesen konnten. Die Chance hatte ihre Mutter nicht. Sie sieht die vielen unangenehmen Eindrücke nicht, mit denen Marie umgehen muss. Sie hört einfach immer wieder: „Ich mag das nicht. Das schmeckt mir nicht. Ich will das nicht anziehen." Auch sieht sie nicht, dass Marie am Vormittag in der Schule die Reibereien verarbeiten muss, dass sie sich nichts sehnlicher wünscht, als ihre Mutter glücklich zu machen und deshalb sogar in Kauf nimmt, Ärger zu bekommen – eine Situation, die für ein hsK ganz besonders viel Druck macht. Sie weiß nichts davon, dass Marie als Petze betitelt wurde. Als Marie nach Hause kommt, ist für sie einfach nur offensichtlich, dass Marie mit Blumenerde ihre gesamten Schulsachen verschmutzt hat und sie diese sauber machen muss.

Bevor du jetzt hilfreiche Tipps im Umgang mit deinem Kind bekommen wirst, bitte ich dich, dir einige Minuten Zeit zu nehmen. Lies den Text noch einmal in Ruhe durch und stelle dir folgende Fragen dabei:

Wie hätte sich die Gesamtsituation verändert, wenn...

1. Marie, wie die anderen Kinder ihres Kindergartens ein Jahr früher eingeschult worden wäre?
2. Marie einen anderen Pullover hätte anziehen dürfen?
3. Marie keine Margarine auf dem Brot gehabt hätte?

4. Maries Mutter gefragt hätte, warum Marie die Blume gepflückt hat?
5. Marie beim Putzen ihrer Schulsachen Handschuhe getragen hätte?
6. Maries Mutter gefragt hätte, ob Marie heute Schwierigkeiten gehabt hat, sich in der Schule zu konzentrieren?

Ist mein Kind

hochsensibel?

Sicherlich drängt sich dir jetzt die Frage auf, ob bei deinem Kind denn nun eine Hs vorliegt. Dementsprechend frustrierend ist es natürlich zu wissen, dass es keine „Diagnose" gibt. Wie bereits erwähnt, ist Hs eine Charaktereigenschaft und keine Krankheit oder Behinderung. Natürlich wäre es möglich, im MRT nachzuweisen, dass die entsprechenden Bereiche im Gehirn deines Kindes aktiver sind als bei nsK, aber solche Tests werden nicht durchgeführt. Der Nachweis einer Hs ist nicht von Bedeutung, da es sowieso keine Konsequenzen mit sich bringen würde. Es gibt keine Therapieform, die sich speziell für hsK eignet. Selbstverständlich kann man ihnen mit unterschiedlichen Methoden das Leben leichter machen. Einen Eindruck, wie du das erreichen kannst, wirst du in dem jetzt folgenden praktischen Teil des Buches bekommen. Aber dafür brauchst du niemandem, der dir diagnostisch bestätigt, dass du ein hsK hast. Du selber kennst dein Kind am besten. Und wenn du das Gefühl hast, dass es andere Bedürfnisse hat als andere Kinder und das es sensibler auf Reize von außen reagiert, dann solltest du handeln – völlig egal, dass kein Facharzt dir diesen Eindruck bestätigt hat. Um es an einem weiteren Beispiel zu verdeutlichen: Ist dein Kind besonders liebenswert, besonders aufgeweckt, besonders besonnen oder besonders nachdenklich, dann würdest du doch auch keine Tests durchführen, um zu bestätigen, dass es so ist, nicht wahr? Du würdest es einfach in diesen Eigenschaften bestätigen und das beste herausholen, was du für dein Kind tun kannst. Und ganz genauso solltest du es mit deinem Kind machen. Du weißt, dass es anders ist als die Mehrheit der Kinder, denn sonst würdest du dich mit der Thematik gar nicht beschäftigen. Deine Aufgabe ist es, die Stärken deines Kindes herauszuarbeiten, es in seinem Selbstwert zu stärken und ihm Wege aufzuzeigen, wie es achtsam mit sich umgehen kann, damit es die bestmöglichen Chancen hat, ein wundervolles Leben zu führen. Und zwar auch dann, wenn es nicht das Leben ist, was die Gesellschaft vorziehen würde. Behalte immer im Auge, dass das Einzige, was zählt, dein Kind und sein persönliches Glück sind – völlig egal, wer damit einverstanden sein mag.

An dieser Stelle soll dir ein Persönlichkeitstest eine erste Orientierung bieten. Denn auch wenn es keine Diagnostik gibt, ist es sicherlich für dich und dein Kind wichtig, warum es anders fühlt und denkt als andere Kinder seines Alters. Die Fragen beziehen sich auf alle drei Typen der Hs. Selbstverständlich müssen sie deshalb nicht gleichermaßen zutreffen. Bei jedem „ja“, welches du angibst, notiere dir einen Punkt. Bitte versuche, die Fragen so objektiv wie möglich zu beantworten. Du versuchst, zufriedenstellende Lösungen zu finden, die deinem Kind das Leben erleichtern. Da ist es für ihn nicht von Nutzen, wenn eine mögliche Hs „heruntergeredet“ oder zu viel „hineininterpretiert“ wird. Mache den Test auch gerne unabhängig von deinem Partner und ziehe auch Lehrer/Erzieher/Freunde/Familie/Babysitter etc. heran. Denke daran, dass ihr alle dein Kind unterschiedlich wahrnehmt und auch andere Ansichten hilfreich sein können.

Hochsensibilitätstest

Emotionale Hochsensibilität:

Dein Kind…

1. … reagiert auf deine eigenen Gefühlsveränderungen
2. … erschrickt schneller als andere Kinder
3. … beobachtet neue Situationen intensiv, bevor es auf sie zugeht
4. … reagiert sensibel auf Veränderungen
5. … ist einfühlsamer als andere Kinder
6. … fühlt sich wohler, wenn es alleine oder in kleinen Konstellationen ist
7. … hat ein großes Werte- und Normenverständnis und betont oft, wenn Dinge „gemein", „unfair" oder „falsch" seien
8. … ist leistungsfähiger, wenn es mit Vertrauten zu sammen ist
9. … lebt seine eigenen Gefühle intensiv aus
10. … kann sehr gut mit Lebewesen umgehen, die sich nicht selber helfen können, z.B. Säuglinge oder Tiere

Sensitive Hochsensibilität:

Dein Kind…

1. … reagiert empfindlich auf Kleidungsstücke (z. B. Kratzen, Nähte, Schilder, etc.)
2. … kann das Gefühl von Hunger und Durst nicht zu rückstellen
3. … äußert häufig, dass ihm zu kalt/zu warm ist

4. … ist wählerisch in Bezug auf Essen/ hebt besonders Konsistenzen und Geschmäcker hervor
5. … ist schmerzempfindlich
6. … kann nicht mit schmutziger/nasser Kleidung umgehen
7. … nimmt kleinste Veränderungen und Details wahr
8. … spielt ungerne im Matsch/Sand
9. … lässt sich nicht gerne die Haare waschen
10. … äußert häufig, dass ihm das Licht zu grell ist

Kognitive Hochsensibilität:

Dein Kind…

1. … ist äußerst wissbegierig
2. … versucht, für alles eine logische Lösung zu finden
3. … denkt strukturiert und reif für sein Alter
4. … hat einen größeren Wortschatz und ein besseres Sprachverständnis als Gleichaltrige
5. … ist humorvoll und hat ein gutes Gespür für Witze
6. … stellt viele Fragen und gibt sich nicht mit einem „darum“ zufrieden
7. … versucht, alles, was es tut, zu perfektionieren
8. … denkt ausgiebig darüber nach, bevor es Entscheidungen trifft
9. … interessiert sich für Rätsel, Naturwissenschaften oder Sprache besonders
10. … spielt gerne Spiele, bei denen es etwas lernen kann (z.B. Konstruktionsspiele, Frage- und Antwortspiele etc.)

Auswertung

Zähle nun als Erstes zusammen, wie oft du INSGESAMT mit ja geantwortet hast.

`0-9 Punkte`: Dein Kind neigt eher nicht zur Hs, die sein Leben in größerem Maße beeinflusst. Es besteht vermutlich keine Kombination der drei Hs-Typen. Dennoch sind Teilgebiete einer Hs nicht vollständig ausgeschlossen. Wenn du nur wenige Fragen mit „ja“ beantwortet hast, diese aber mit solchem Nachdruck, dass es aus eurem Alltag heraussticht, dann kann in diesem Bereich durchaus eine Hs vorliegen. (Bsp.: Es gibt Kinder, die so einfühlsam sind, dass Tiere mit ihrem feinen Spürsinn sprichwörtlich von ihnen angezogen werden. Die Fähigkeit, Tiere zu verstehen und mit ihnen umzugehen – man kennt dieses zum Beispiel im Bereich des Pferdeflüsterns – zählt definitiv in den Bereich der emotionalen Hs, selbst wenn ansonsten keine weiteren Merkmale auf eine Hs hinweisen.) Ebenfalls kann eine Hs vorliegen, wenn sämtliche Punkte, die du zusammengezählt hast aus einem Teilgebiet der Hs stammen. Wenn du also insgesamt acht Punkte erzielt hast, von denen sieben im Bereich der sensitiven Hs liegen, dann ist dein Kind mit großer Wahrscheinlichkeit in genau diesem Bereich hochsensibel.

`10-19 Punkte`: Dein Kind ist mit großer Wahrscheinlichkeit hochsensibel in mehreren Bereichen. An dieser Stelle stellt sich die Frage, inwieweit das euer Zusammenleben und das Leben deines Kindes beeinflusst. Ist der Alltag eher positiv oder negativ beeinflusst? Sind es eher die Stärken oder die Schwächen, die hervortreten und wie groß ist der Bereich, in dem die Hs deines Kindes liegt? Sollte dein

Kind sehr gut mit seiner nur zum Teil ausgeprägten Hs zurechtkommen, dann besteht kein Handlungsbedarf. Bedenke, dass Hs viele positive Eigenschaften mit sich bringt. Oft sind es hsK, die die ersten Frühlingsblumen entdecken, die Musik intensiver fühlen können als jeder andere und die kreativen Lösungen finden, wie kein anderer sonst. Diese Stärken immer wieder herauszustellen und dein Kind in seiner Fähigkeit zu bestärken, ist der größte Nutzen überhaupt. Maßnahmen musst nur dann ergreifen, wenn dein Kind einen Leidensdruck verspürt oder du das Gefühl hast, dass es sich ohne Hilfestellungen nicht im Leben zurechtfinden kann.

20-30 Punkte: Du hast mit größter Wahrscheinlichkeit ein hsK. Diese Hs ist in großem Maße ausgedehnt auf mindestens zwei Bereiche, der dritte Bereich wird offensichtlich ebenfalls mit angeschnitten. Sehr wahrscheinlich hat dein Kind größere Schwierigkeiten im emotional-sozialen Bereich, leidet unter körperlichen Missempfindungen schon bei leichten Reizen und/oder erlebt großen Druck durch seine ausgeprägte Intelligenz, durch welche es immer und immer wieder ins Grübeln gerät. Ein Kind mit einer so stark ausgeprägten Hs hat fast immer das Gefühl von andauerndem Stress und Druck. Es leidet meist schon im Kleinkindalter unter der dauerhaften Überreizung. Möglicherweise ist auch eure Beziehung bereits von der Hs deines Kindes belastet. In diesem Fall besteht akuter Handlungsbedarf.

Der differenzierte Blick auf die unterschiedlichen Bereiche, in denen du mit „ja“ geantwortet hast, gibt Aufschluss über den Typen der Hs, dem dein Kind hauptsächlich unterliegt.

Wie bereits erwähnt, ergibt sich in den meisten Fällen eine Mischform. Durch diese Aufschlüsselung bist du sehr viel besser in der Lage, zu verstehen, warum dein Kind gegebenenfalls unangemessen reagiert. Auch hier möchte ich ein Beispiel zur Verdeutlichung heranziehen. Nimm einmal an, du machst Hausaufgaben mit deinem Kind. Eine Doppelseite zeigt drei Kinder. Links steht „Anna“, welche zu einem Baum hinaufschaut. Rechts stehen Daniel und Lisa. Daniel hält Bonbons in der Hand. Dein Kind liest nun folgende Mathematikaufgabe:

„Daniel hat sechs Bonbons und soll sie gerecht zwischen sich und Lisa aufteilen. Wie viele Bonbons erhält jeder?“

Du hältst diese Aufgabe für leicht lösbar, aber dein Kind kommt nicht auf die Lösung. An genau solchen Punkten ist es hilfreich für dich, zu wissen, zu welchem Typ der Hs dein Kind am ehesten zählt. Liegt eine kognitive Hs vor, ist es möglich, dass dein Kind so gelangweilt von der Aufgabe ist, dass es sich „zu schade“ ist, hierauf eine Antwort zu geben. Es befindet sich vermutlich gerade gedanklich in sehr viel höheren Prozessen. Deine Frage könnte also lauten: „Ist dir die Aufgabe zu leicht, um mir eine Antwort zu nennen?“

Ein Kind mit vorrangig sensitiver Hs hängt vielleicht noch an der Frage, warum der Bleistift beim Schreiben auf Papier ein so unangenehm kratzendes Geräusch macht. Vielleicht ist es gerade dabei, den Stift mit den Fingern ein wenig stumpfer zu machen, weil es weiß, dass das Kratzen dann erträglicher wird. Wenn du weißt, dass dein Kind in diesem Bereich hochsensibel ist, könntest du dich erkundigen, ob es

Reize gibt, die es gerade stören und ob du an diesen etwas verändern kannst, damit es sich besser konzentrieren kann.

Ein emotional hsK, welches die Aufgabe nicht lösen kann, stellt sich vermutlich gerade die Frage, warum man die sechs Bonbons auf Daniel und Lisa aufteilen sollte, wenn doch Anna auch mit im Bild steht. Sie könne doch schließlich nichts dafür, dass sie gerade zum Baum hochschaue. Vielleicht hältst du das gerade für überspitzt, aber glaube mir, ich selber habe exakt diese Situation erlebt. Und wenn du lernst, gezielter nachzufragen, wirst auch du erstaunt sein, welche Gedankengänge dein hsK manchmal verfolgt. Denn statt der in diesem Fall sinnvollen Frage: „Irritiert dich gerade etwas an der Situation?“, auf welche du die Antwort erhalten würdest, dass es unfair gegenüber Anna sei, ihr keine Bonbons abzugeben, neigen wir eher dazu, darauf zu pochen, dass dieses doch nun wirklich leicht sei und das Kind sich bitte einmal konzentrieren solle. Sollte dein Kind noch nicht allzu sehr überreizt sein, kann dieses sogar kurzzeitig gelingen, aber nach einem bereits gelebten Schultag ist es sehr viel wahrscheinlicher, dass das tägliche Hausaufgabenmachen zu emotionalen Ausbrüchen führt.

Anhand dieses Beispiels ist dir sicherlich deutlicher geworden, warum es so wichtig ist, hsK zu verstehen und sich ihren Bedürfnissen anzupassen. Wenn du dieses erst einmal gelernt hast, wirst du zügig eine Verbesserung der Gesamtsituation spüren. Denn eines ist dir sicher bewusst: Sich unverstanden zu fühlen und gleichzeitig sich selber nicht genug zu sein, zu wissen, dass man anders ist und das Gefühl zu haben, dass niemand für einen kämpft, ist eine explosive Mischung und eine ganz schlechte Voraussetzung, glücklich heranwachsen und stark werden zu können. Und um dich und dein Kind in diesem Prozess bestmöglich zu begleiten, erhältst du in den folgenden Kapiteln viele Tipps. Natürlich sind diese kein „Allheilmittel“ und auch nicht DAS WUNDERREZEPT, aber dennoch sind sie hervorragende Anhaltspunkte, an denen du dich orientieren und entlanghangeln kannst. Du musst sie dann lediglich noch auf eure gemeinsame Situation anpassen, zusammenstellen und deiner Intuition folgen. Denn als Elternteil, der das Beste für sein Kind möchte, wirst du von nun an sicherlich vermehrt darauf achten, welche Anzeichen dein Kind zeigt und nach Lösungen suchen, die euch unterstützen können.

Umgang

mit Hochsensibilität in der Praxis?

Am Anfang dieses Kapitels möchte ich dir eine Frage stellen. Ich bitte dich hierfür, dir Folgendes vorzustellen: Draußen stehen drei Männer nebeneinander. Der eine ist sehr klein, der zweite mittelgroß und der dritte sehr groß. Vor ihnen ist eine Mauer. Der große Mann kann problemlos hinüberschauen, der mittelgroße ist nur einen Hauch davon entfernt, hinübersehen zu können und der kleinste Mann ist weit davon entfernt, über die Mauer schauen zu können. Dir stehen nun drei Hocker zur Verfügung, die du auf die drei Männer aufteilen sollst. Der kleine Mann kann auch mit einem Hocker noch nicht ganz über die Mauer schauen, dem mittelgroßen Mann genügt ein Hocker, um einen Blick hinüberwerfen zu können und der große Mann kann ohnehin hinüberschauen. Wie verteilst du die Hocker?

Ich bin mir sicher, dass du dem kleinsten Mann zwei Hocker geben würdest und der große Mann damit leer ausgehen würde. „UNFAIR!“, schreit es da sicher in niemandem von uns. Denn der große Mann braucht doch nun einmal keinen Hocker. Dennoch kommen wir nicht umhin, als zuzugeben, dass der kleinste Mann eine Sonderstellung hat. Und ganz genauso ist es bei unseren Kindern. Die Tipps, die ich dir im Folgenden gebe, stellen zum Teil „Extrawürste“ anderen Kindern gegenüber dar. Gerade im Schulalltag oder wenn dein hsK ein normalsensibles Geschwisterkind hat, ist es mitunter nur schwer zu verstehen, warum das hsK andere Privilegien genießen darf, warum es Regeln erweitern kann und nach dem Motto „Ich mach mir die Welt, wie sie mir gefällt“ leben sollte. Aber hier ist es nichts anderes als bei dem Beispiel mit den Männern. Dein Kind hat durch seine Hs Steine in den Weg gelegt bekommen, die seine Stärken überdecken. NsK haben diese Hürden eben nicht zu überwinden. Damit dein Kind jedoch die gleichen Chancen hat, wie andere Kinder auch, wird es gewisse Ausnahmen brauchen. Es darf und sollte sich in anderen Grenzen bewegen können, als der Rest. Und genau das solltest du gut mit anderen kommunizieren. Gerade in der Kita und in der Schule wird das Konkurrenzverhalten oftmals unterschätzt. Dass das eigene Kind zu kurz kommen könnte, ist für Eltern nur schwer auszuhalten. Aus diesem Grund solltest du im festen Kontakt mit der Lehrkraft stehen und die Hilfestellungen, die dein Kind bekommt, sicher vertreten können. Dasselbe gilt im ebenfalls belasteten Bereich der Familie. Das gerade genannte Geschwisterkind ist sicher nicht erbaut, wenn das hsK am Mittagstisch früher aufstehen darf und es selbst aber warten muss, bis alle aufgegessen haben. Die Erklärung, dass das hsK die Reize der gesamten Familie am Tisch nicht gut aushalten kann, wird deinem nsK sicher nur bedingt helfen. Hier gilt es also, offen und klar mit dem Geschwisterkind zu sein und auch ihm Privilegien zuzugestehen, die dein hsK nicht hat, um einen Ausgleich zu schaffen, der sich für das nsK gut anfühlt.

Umgang mit dem unmittelbaren sozialen Umfeld/Fremden

Selbstverständlich ist uns allen klar, dass wir ganz unterschiedlich mit den Menschen, die zu unserem Sozialleben gehören und denen, die uns fremd sind, umgehen. Im Falle deines hochsensiblen Kindes solltest du hierauf jedoch ein besonderes Augenmerk legen. Hierfür möchte ich eine Familienfeier heranziehen. Ich denke, wir alle kennen es, wenn die entfernten Verwandten auf unsere Kinder zugestürmt kommen, sie knuddeln und gegebenenfalls sogar küssen wollen, obwohl das Kind sie wirklich nicht häufig sieht. Die überschwängliche Freude, wie groß das Kind doch geworden und wie schön es sei, es endlich einmal wiederzusehen, wirkt wohl auf die meisten Kinder befremdlich. Im Gegensatz zu nsK kann dein Kind das allerdings nahezu nicht aushalten. Egal, zu welchem Typ der Hs es gehört, es ist überreizt, verunsichert und fühlt seine Grenzen deutlich überschritten. Du als Elternteil hast mit Sicherheit bereits ein

Umfeld für dein Kind geschaffen, in welchem es sich weitestgehend sicher fühlt, denn du hast täglich mit deinem Kind zu tun. Die Menschen, denen Hs und die besonderen Bedürfnisse deines Kindes fremd sind, gehen sehr viel barscher auf es zu und überschreiten damit unbewusst sämtliche Grenzen. Wenn dein Kind sich wehrt, könnte es sogar schnell zu übergriffigem Verhalten kommen. Sätze, wie: „Ach komm her, ich bin doch deine Tante Emmi" o.Ä. haben wir alle mit großer Wahrscheinlichkeit schon einmal gehört. Es ist deine Aufgabe, solche Situationen bereits vorweg zu vermeiden. Und genau aus diesem Grund solltest du dein direktes soziales Umfeld vertraut machen mit den Bedürfnissen und Besonderheiten deines Kindes. So haben sie die Möglichkeit, sich ebenfalls auf diese einzustellen und Konflikten von Anfang an aus dem Weg zu gehen. Sollten sie dieses als „Mimosigkeiten" oder „Anstellerei" abtun, dann wirst du automatisch zum Fürsprecher deines Kindes. Mit seiner Sensibilität ist es nur schwer in der Lage, Partei für sich zu ergreifen. Vergiss nicht, dass es alles tut, um Konflikte zu vermeiden und das Gefühl von Anspannung unmittelbar aufschnappen wird. Greifst du an dieser Stelle nicht für dein Kind ein, dann vermittelst du ihm hiermit automatisch, dass es sich zu fügen hat und sich nicht anstellen soll. Du machst ihm das Gefühl von „Andersartigkeit" auf eine unangenehme und schmerzvolle Weise bewusst und bedeutest ihm, dass du nicht hinter ihm stehst. Hast du also das Gefühl, dass andere Menschen die sensiblen Grenzen deines Kindes überschreiten und beobachtest, dass dein Kind sich nicht wehrt, dann mache darauf aufmerksam, dass es sich gerade nicht wohlfühlt. Gehe im Zweifelsfall bei Unverständnis auch in Konflikte hinein, die aber nicht das Gefühl vermitteln, dass dein Kind schwierig sei. Sage also nichts, wie: „Er hat halt seine Macken. Danach müssen wir uns richten.“ Betone stattdessen lieber exakt, was los ist: „Er wird nicht gerne von Menschen geküsst, die er nicht täglich sieht. Das kann ich verstehen und ich möchte, dass du das akzeptierst. Schließlich möchtest du auch nicht von jedem geküsst werden.“

Bei nahestehenden Menschen versucht man natürlich immer automatisch, die Situation zu „entschärfen“. Das ist verständlich und wünschenswert, denn natürlich möchten wir niemanden verletzen, der uns wichtig ist. Problematisch sind Situationen jedoch häufig dann, wenn Fremde sich einmischen. Ich selber habe bei meinem reizüberfluteten und deshalb weinenden Kind schon den Satz gehört: „Auf sowas muss man mal draufschlagen!“ Auch die Aussage: „Du bist aber hässlich, wenn du so schreist“ habe ich bereits gehört. An dieser Stelle ist zu sagen, dass absolut niemand das Recht hat, sich in eure Belange einzumischen. Weder die gutgemeinten Aufmunterungsversuche („Och, hast du Weingummi gegessen?“) noch die Ratschläge („Einfach das Kind da liegenlassen. Das kommt schon von alleine!“) sind hilfreich oder zielführend. Tragischerweise sind solche Situationen für uns als Eltern doppelt unangenehm. Wir sind nicht nur überfordert mit dem Verhalten unseres Kindes, sondern schämen uns auch dafür, dass dieses so offen zur Schau gestellt wird. „Was denken die bloß über meine Fähigkeit als Elternteil?“ sind Fragen, die zwangsläufig in jedem von uns aufkommen. Dennoch – so gerne wir die Situation manchmal überspielen würden, indem wir zusammen mit den Fremden über das unangepasste Verhalten unseres Kindes lächeln, gibt es nichts Schlimmeres für dein Kind. Du kannst es nicht mehr im Stich lassen, als in einer Situation, in der es echte Probleme hat, alleine zu lassen und dich sogar lustig zu machen. Zeige den Menschen, dass es eine Sache zwischen dir und dem Kind ist. Du kannst sie entweder ignorieren, um deinem Kind zu zeigen, dass es wichtiger ist als alles, was um euch herum passiert. Du kannst jedoch auch gezielt Partei ergreifen und die Menschen auffordern, sich aus der Situation herauszuhalten. Falls du den deeskalierenden Weg wählen möchtest, kannst du Sätze sagen, wie: „Ich bitte Sie, sich nicht einzumischen. Mein Kind ist lediglich überfordert und braucht gerade meine Hilfe." Auf diese Weise bleibst du höflich. Lasse dich bitte nicht irritieren, wenn Fremde dennoch beleidigt sind – denn das kommt leider häufiger vor als man denkt.

Selbstbewusstsein des Kindes stärken

Dein Kind ist anders! Wie schmeckt dieser ganz konkrete Satz für dich? Ist er eher bitter oder süß? In jedem Fall solltest du lernen, mit dieser Tatsache umzugehen, denn es ist nicht abstreitbar, dass ein hsK sich von nsK abhebt – und sein ganzes Leben lang abheben wird. Und selbstverständlich wird es sich nach und nach seiner Andersartigkeit immer mehr bewusst werden. Jetzt gilt es eigentlich nur einen einzigen Weg zu verfolgen. Lernt gemeinsam, dass es nichts Schlechtes ist, anders zu sein. Es bedeutet, sich von der breiten Masse abheben zu können und sich nicht anpassen zu müssen, nur weil andere darauf bestehen. Da dein Kind ohnehin nicht in der Lage sein wird, sich der Gesellschaft unterzuordnen, gilt es viel mehr, herauszuarbeiten, welche Schleichwege es einschlagen kann, um dennoch zurechtzukommen. Nehmen wir einmal das klassische Bild, welches gesellschaftlich für ein gelungenes Berufsleben spricht. Ein Job, der nicht nur angesehen ist, sondern auch noch das Leben der Familie finanziert, gilt als erstrebenswert. Bei einer Frau könnte das der Beruf der Sekretärin einer wichtigen Firma sein, beim Mann klassischerweise der angesehene Manager. Was ist jedoch, wenn dein Kind Künstler werden möchte? Wenn es weiß, dass es damit nicht reich werden wird, jedoch auch nur einen sehr geringen Lebensstandard anstrebt? Was ist, wenn dein Kind gebrauchte Kleidung und Wohnungseinrichtungen bevorzugen

wird, weil ihm die Verschwendung ohnehin zuwider ist und es auch nicht das Geld hat, um sich mehr zu finanzieren? Oder schlicht gesagt: Was ist, wenn dein Kind sich vom Leben etwas völlig anderes erhofft, als du dir für es wünscht oder die Gesellschaft als erstrebenswert erachtet? Kurz gesagt, solltest du in diesem Fall mehr als stolz sein. Denn wenn dein Kind in der Lage ist, dieses zuzugeben und zu seinem Weg zu stehen, dann hat es bereits einen großen Schritt in die richtige Richtung gemacht. Es hat gelernt, dass es sich abgrenzen darf, um das zu tun, was es selbst möchte und das ist eine Fähigkeit, die heutzutage diversen Menschen fehlt.

Um das Selbstvertrauen deines Kindes zu stärken, ist es ausgesprochen wichtig, ihm zu zeigen, dass es wichtig und wertvoll ist. Dazu zählt sowohl die Form des Lobens als auch der Kritik. Hierzu möchte ich dir an dieser Stelle einige Tipps geben.

Wenn du dein Kind lobst, solltest du auf einige grundlegende Dinge achten. Zum einen sollte das Lob nicht inflationär verwendet werden. Ein einfaches: „Toll gemacht“ alle viertel Stunde ist für dein Kind nicht erstrebenswert. Wenn du lobst, sollte es ein ganz gezieltes Lob sein, welches exakt in dem Moment kommt, in dem dein Kind es verdient. Wenn dein Kind beispielsweise ein Bild für dich gemalt hat, dann hat es wenig von der simplen Aussage, dass dieses sehr schön sei. Betone lieber, was genau du schön findest und was dir auffällt (z.B.: „Die Blumen gefallen mir ganz besonders gut. Schön, dass du extra meine Lieblingsfarben ausgesucht hast.“) Auch die Geste, das Bild an die Wand oder den

Kühlschrank zu hängen sagt so viel mehr aus als das „Verschwindenlassen" in der Schulbade. Ein solches Lob kannst du selbstverständlich gerade auch auf das Verhalten deines Kindes beziehen. Dafür muss die Situation nicht einmal gelungen sein. Erinnere dich noch einmal an die Geschichte, in der Marie ihrer Mutter Blumen pflückt, weil sie weiß, dass diese oft mit ihr überfordert ist. Wenn Maries Mutter gewusst hätte, warum Marie die Blume mitgenommen hat, hätte die Mutter wie folgt reagieren können: „Ich finde es ganz lieb von dir, dass du mich glücklich machen wolltest. Toll, dass du immer an mich denkst. Und weil die Blume jetzt schon einmal hier ist, können wir sie einpflanzen und versuchen, sie wieder aufzupäppeln. Wenn wir beim nächsten Mal gestresst voneinander sind, sollten wir vielleicht direkt miteinander reden. Dann geht es uns beiden schnell besser. Was hältst du davon?" Natürlich sollte dein Lob jetzt nicht immer durchdacht und gestelzt sein. Denn es bleibt eine Herzensangelegenheit. Dennoch wirst du merken, dass sich diese Art des Lobes sehr viel besser anfühlt als einfach zu sagen, dass etwas gut, toll oder prima sei. Du wirst nicht nur merken, wie gut es dir tun wird, dich mit den Stärken deines Kindes zu beschäftigen, du wirst auch den wachsenden Stolz sehen, den dein Kind entwickelt, wenn du beginnst, gezielter zu loben.

Auch das Kritisieren ist ein sensibles Thema. Dein Kind strebt in all seiner Überforderung nach Perfektionismus. Es möchte anderen gefallen – vor allem seinen Eltern und steht damit unter großem Druck. Umso schwerer kann es ertragen, wenn ihm dieses misslingt. Sätze wie: „Kannst du nicht einmal normal sein?“ oder „Musst du dich ständig so anstellen?“ können seine Welt zerbrechen. Um diese Selbstwertminderung zu vermeiden, möchte ich dir die „Ich-Botschaften“ vorstellen. Auch, wenn sich das für dich im ersten Moment ein wenig befremdlich anfühlen sollte, solltest du sie dir unbedingt aneignen. Denn gerade für hsK sind sie von unschätzbarem Wert. Mit einer Ich-Botschaft vermittelst du als erstes die Sachebene – also das, was gerade schief gegangen ist. Danach folgen deine eigenen Gefühle. Und genau hier setzt du bei dem hsK unmittelbar an, denn seine besondere Stärke besteht ja nun einmal darin, die Gefühle anderer nachzuvollziehen. Anschließend formulierst du das übergeordnete Bedürfnis, welches du hast, damit du dich wohlfühlst. Abschließend formulierst du eine Bitte (Achtung: Keinen Appell!) an dein Kind, um eine Lösung für das nächste Mal bereitzuhalten. Gerne kannst du die Überforderung/Gefühle deines Kindes mit aufnehmen, um zu zeigen, dass du es ebenso verstehst. Nehmen wir einmal an, dein Kind hat dich im Streit als „blöde Mama/blöder Papa“ betitelt und ist wütend aus dem Zimmer gelaufen. Nachdem du ihm ein wenig Zeit gegeben hast, um die Eskalation zu „verdauen“, könntest du ein Gespräch mit folgenden Worten einleiten: „Wir haben uns ganz schön doll gestritten (Sachebene). Das macht mich traurig (Selbstoffenbarung – Gefühle), weil ich dich liebhabe und am liebsten Schönes mit dir machen möchte (Übergeordnetes Bedürfnis). Ich wünsche mir, dass wir uns wieder vertragen und uns nicht versuchen zu verletzen, wenn wir uns streiten (Wunsch). Ich denke, du warst eben auch ziemlich überfordert mit unserem Streit (Verständnis). Möchtest du mir sagen, was du darüber denkst?“ Auf diesem Weg schaffst du einen offenen Raum, um die Situation angemessen zu klären. Es ist die Form der Konfliktlösung, die deinem Kind die größtmögliche Wertschätzung entgegenbringt ohne jedoch, dem Konflikt aus dem Weg zu gehen.

Meditative Übungen

Dein hsK empfindet ununterbrochen Stress. Und wir alle wissen, dass Stress im höheren Maße niemandem guttut. Wir werden nervös und fahrig, gereizt und angespannt. Dauerhafter Stress kann sogar zu körperlichen Folgen wie Schmerzen, Schwindel und Magen-Darm-Problemen führen. Nicht selten leiden hsK deutlich häufiger unter stressbedingten Kopf-, Bauch- und Ohrenschmerzen als nsK. Auch Schlafstörungen werden häufiger beobachtet, weil hsK Unmengen an Reizen nachts nachbearbeiten müssen. Sie sind also doppelt belastet, da sie nicht einmal nachts die Chance haben, ihre Akkus wieder vollständig aufzuladen. Aus diesem

Grund sollten wir ihnen die Möglichkeit geben, tagsüber und zur Nacht hin besser zur Ruhe zu finden. Hierbei können meditative Übungen gute Erfolge erzielen. Nimm dir mit deinem Kind gerne zwei Mal am Tag (z.B. nach der Schule und vor dem Schlafengehen) die Zeit und führt gemeinsam einige Übungen durch, die euch zur Ruhe kommen lassen. Achte dabei darauf, dass ihr euch in einer reizfreien Umgebung befindet. Das kann zum Beispiel eine Höhle sein, die ihr gemeinsam gebaut habt (lasst diese bitte gerne aufgebaut, denn es wäre schwierig, sie vor den Meditationszeiten immer neu zu bauen). Lasst leise Hintergrundmusik laufen und verwendet angenehmes Licht. Legt Kissen oder Yogamatten in die Höhle und schon kann es losgehen. Du solltest bei den Übungen darauf achten, dass sie möglichst immer nur einen Sinn deines Kindes ansprechen. Meditative Übungen für Kinder kannst du im Internet oder in entsprechenden Fachbüchern erlesen. Hier erhältst du auch Tipps, wie du die Übungen nacheinander aufbauen solltest, damit eure gemeinsame Zeit „rund“ wird. An dieser Stelle möchte ich dir eine Übung genauer vorstellen: Die Traumreise.

Eine Traumreise hilft deinem hsK sich für einen Moment völlig von der Realität abzukoppeln und sich an einen Ort zu träumen, der seinen eigenen Bedürfnissen entspricht und wo es sich rundum wohlfühlen kann. Für eine Traumreise sollte dein Kind sich bequem hinsetzen oder legen. Du kannst – falls dein Kind dieses wünscht – eine Hand auf seinen Körper oder Kopf legen. Bitte streichle es aber nicht, weil du damit wiederum die Reize verstärkst. Die Geschichte, die du ausgewählt hast, solltest du langsam und ruhig vorlesen.

Eine Geschichte kannst du ebenfalls aus dem Internet ausdrucken oder dir selbst eine ausdenken. Ziel sollte hierbei sein, dass dein Kind sich vom Stress lösen kann. Dafür gibt es Geschichten, die sich auf das Körpergefühl beziehen (z.B. „Spüre, wie deine Arme langsam immer tiefer auf den Boden sinken, bis sie vollkommen entspann daliegen“). Solche meditativen Übungen fallen ebenfalls in den Bereich der Achtsamkeitsübungen. Eine Geschichte, die dein Kind an einen schönen Ort entführt, stelle ich dir jetzt vor. Du kannst sie gerne als Traumreise verwenden. Sie eignet sich für Kinder ab dem Grundschulalter. Achte beim Vorlesen unbedingt auf angemessene Pausen an geeigneten Stellen (z.B., wenn du dein Kind aufforderst, Dingen nachzuspüren oder den Stress weg zu atmen. Atme gerne selber durch, um zu spüren, wie lange die Pause sich angenehm anfühlt.).

„Atme tief ein und aus. Strenge dich dabei nicht an, sondern spüre, wie dein Atem ganz von alleine aus dir heraus und wieder in dich hineinströmt. Spüre auch die Pause, die entsteht, nachdem du vollständig ausgeatmet hast, bevor du deinen nächsten Atemzug nehmen musst. Fühle, wie der Sauerstoff in deiner Atemluft dich mehr und mehr mit Energie versorgt. Die Energie fliest von deiner Lunge aus nach oben bis in deine letzte Haarspitze hinein. Auch der Rest deines Körpers wird bis zu deinen Zehenspitzen mit neuer Energie versorgt. Mit den nächsten Malen, in denen du ausatmest, lässt du den Stress des bisherigen Tages immer mehr los. Jeder Moment, der dich nervös gemacht hat, fliest aus dir heraus. Nun bist du so frei, dass du dich an einen Ort begeben kannst, der dir gefällt. Setze dich auf deinen wunderbaren fliegenden Drachenfreund, der dich hoch und höher in die Lüfte trägt. Du hast keine Angst, denn du weißt, dass dein Freund dich sicher hält und du gut aufgehoben bist. Es ist ein herrlicher, sonniger Tag und du spürst, wie die Sonnenstrahlen deine Haut angenehm wärmen. Fliege nur so hoch, dass die Wärme für dich angenehm ist und dann steuere deinen Drachen in die Richtung, in die du fliegen möchtest. Wenn du angekommen bist, dann bitte deinen Drachen, langsam mit dir zum Boden zurückzufliegen. Du spürst kaum, wie ihr weiter und weiter nach unten sinkt, weil dein Drache sich so federleicht bewegt. Jetzt berühren deine Füße sanft den Boden unter dir. Langsam steigst du von deinem Drachen ab und streichst ihm noch einmal über das weiche Fell. Vielleicht magst du deine Stirn sogar an seine drücken und ihm ein Nasenküsschen geben? Entscheide das gerne selber. Nun bist du an deinem Ort angekommen. Schaue dich einmal zu allen Richtungen um. Sieh dir an, welchen Ort du erschaffen hast und was es dort alles so gibt. Bleibe eine Weile an dem Ort deiner Träume und mache all das, was du dir schon immer gewünscht hast (hier unbedingt eine Pause machen!). Nun verabschiede dich langsam wieder von deinem Ort. Sage ihm, dass du bald wiederkommen wirst und wie schön es war, dort gewesen zu sein. Pfeife nun deinen Drachen wieder zu dir, der sich auch an deinem Ort umgeschaut hat. Steige auf und spüre das Fell unter deinen Händen, die sich vorsichtig festhalten. Steigt wieder gemeinsam in die Lüfte. Du brauchst deinem Drachen nicht sagen, wo er hinfliegen soll, denn er kennt den Weg ganz genau. Schaue dich auf deinem Weg um und nimm in dir auf, was du auf deinem Flug alles bemerkst. Auch dieses Mal spürst du kaum, wie du und dein Drache langsam nach unten sinken bis du wieder den Boden berührst. Steige nun von deinem Drachen ab und verabschiede dich von ihm. Ihr seht euch bald wieder. Schau, wie er hoch in die Lüfte steigt und sich im Wegfliegen noch einmal zu dir umdreht. Er winkt dir mit seinem Flügel noch einmal zu, bevor er am Himmel immer kleiner wird und schließlich völlig verschwindet. Spüre, wie du langsam wieder hier im Raum ankommst. Fühle noch einmal, wie langsam und tief deine Atmung in dich hineinströmt und dich wieder verlässt. Die Energie, die du auf deiner Reise und mit jedem Atemzug in dich aufgenommen hast, trägt dich durch den Rest des Tages. Komme nun langsam wieder in diesen Raum zurück. Öffne deine Augen und nimm dir etwas Zeit, bis du dich aufsetzen magst und mit einer tiefen, angenehmen Wärme in dir wieder völlig im Hier und Jetzt ankommst."

Achtsamkeitstipps

Dein Kind hat es mehr als sonst jemand nötig, auf sich zu achten. Mit dem Stress und dem Druck, dem es täglich ausgeliefert ist, ist es sehr viel gefährdeter an körperlichen oder psychischen Krankheiten zu erkranken als nsK. Und gerade, weil es anderen gefallen und ihnen Gutes tun möchte, vernachlässigt es mehr und mehr sich selbst. Aus diesem Grund solltest du es im Bereich der Achtsamkeit trainieren. Wir alle achten in unserer schnelllebigen Gesellschaft viel zu wenig auf uns. Ich bin mir sicher, dass auch du die Situation kennst, den ganzen Tag über dein Bestes gegeben zu haben, aber erst abends feststellst, dass du außer einem kleinen ungesunden Zwischensnack noch nichts gegessen hast. Hunger und Erschöpfungszustände übermannen uns in solchen Fällen ganz plötzlich. Und das, obwohl sich der Tag an sich gar nicht anstrengend angefühlt hat. Und genau an dieser Stelle fehlt uns die Achtsamkeit. Hätten wir besser auf uns geachtet, hätten wir uns Zeiten für eine anständige Mahlzeit und Pausen genommen. Vielleicht hätten wir an diesem Tag nicht das Pensum erreicht, was wir so geschafft haben. Aber auf die Dauer gesehen, würden wir sehr viel mehr schaffen. Wir alle sind nur begrenzt leistungsfähig. Spätestens nach einer Woche Arbeit im Akkord würden unsere Leistungen deutlich abnehmen und wir könnten bei weitem nicht mehr unser Pensum vom Anfang halten. Stetige zufriedenstellende Leistungen erzielen wir nur dann, wenn wir unsere Energien wieder auftanken und auf uns selbst achten. Dein hsK sollte selbstverständlich noch einmal mehr auf sich achten. Seine Energie ist ohne entsprechende Pausen sonst bereits vormittags verbraucht. Um deinem Kind Achtsamkeit anzutrainiegeren, solltest du ihm zum einen Tipps und Hilfestellungen geben und zum anderen ein Vorbild sein. Es nützt ihm gar nichts, wenn du ihm Pausen empfiehlst, während du selber „auf dem Zahnfleisch kriechst". Auch ist es nicht hilfreich, wenn du ihm erklärst, dass das frische Obst zwischendurch und die entspannten Mahlzeiten am Tisch ihm guttun, du aber nur einen Schokoriegel hinunterschlingst und Mahlzeiten ausfallen lässt, um mehr schaffen zu können. Gönne dir also ebensolche Pausen, wenn du diese brauchst. Denn du kannst sicher sein: Gerade deinem Kind wird es auffallen, wenn du überlastet bist. Äußere dein Vorgehen, indem du zum Beispiel sagst: „Ich bin gerade ganz schön erschöpft. Ich setze mich jetzt erstmal hin und trinke einen Kaffee/ esse eine Banane, etc. Nach der Pause kann ich immer noch weitermachen." Du wirst sehen, dass dein Kind sich nach einer

Weile an deinem Beispiel orientieren wird. Es wird feststellen, dass es nichts Schlechtes ist, Pausen zu machen und es dadurch nicht weniger „perfekt“ ist. Du solltest dein Kind unbedingt in dieser Entwicklung unterstützen, indem du direkt sagst, was du an ihm beobachtest, ohne es zu kritisieren. Das könnte zum Beispiel sein: „Ich habe das Gefühl, dass dein Akku gerade ziemlich leer ist. Wollen wir eine Pause machen?“ oder auch: „Ich denke, du bist gerade überfordert. Was hältst du davon, wenn wir erst einmal zusammen ein Glas Saft trinken und dann erst weitermachen?“ Es gibt auch Momente, an denen dein Kind völlig für sich allein etwas machen sollte. Das kann das Hören eines Hörspiels oder das Lesen eines Buches sein. In der Regel genießen hsK solche Ruhezeiten sehr, da sie sich selbst dann herunterfahren können. Äußere solche Zeiten nicht als Bestrafung, also nicht: „Du bist total überdreht. Geh in dein Zimmer und fahre dich herunter.“, sondern zeige ihm immer die Chance auf, die darin verborgen liegt: „Ich denke, du brauchst ein bisschen schöne Zeit für dich, damit du dich entspannen kannst. Gehe doch in dein Zimmer und höre ein Hörspiel.“ Auf diesem Weg zeigst du deinem Kind, dass es sich Zeit für sich nehmen darf und auf sich achten sollte. Es wird zügig erkennen, dass es sich hiermit deutlich besser fühlen wird.

Strukturelle Tipps

Struktur und Routinen geben Sicherheit. Nicht umsonst wird der Mensch als Gewohnheitstier bezeichnet. Mit solchen Gewohnheiten ergeben sich in unserem Hirn sogenannte Synapsen. Das sind Verknüpfungen, die uns den Alltag erleichtern. Vergleiche das gerne mit dem Erlernen des Auto- oder Fahrradfahrens. Am Anfang musstest du über jede Bewegung nachdenken, bevor du sie gemacht hast. Du warst überfordert und hast vermutlich viele Fehler gemacht. Heutzutage führst du diese Bewegungsprozesse jedoch völlig automatisch durch, da du sie automatisiert hast. Du bist nun in der Lage, dich zeitgleich auf weitere Dinge zu konzentrieren, da du dem Fahren keine ungeteilte Aufmerksamkeit mehr entgegenbringen musst. Der Stressfaktor ist mit Vollendung dieses Prozesses deutlich gesunken. Derselbe Effekt tritt bei allem ein, was wir uns gewohnheitsmäßig angeeignet haben. Selbstverständlich kann das sowohl positiv als auch negativ sein. Wenn dein hsK beispielsweise erlernt hat, dass es stressabbauend ist, wenn es sich vollständig in sich zurückzieht, dann ist das natürlich ein ungewollter Effekt. Denn du als Elternteil wünschst dir vermutlich eher, dass es alternative Strategien entwickelt, um sich von dem Stress lösen zu können. So solltest du versuchen, so viele Routinen und Rituale in euren gemeinsamen Alltag zu bringen, dass es sich wohl fühlt. Du weißt ja bereits, dass gerade Übergangszeiten ihm nicht guttun. So könntest du zum Beispiel eine Sanduhr zu Hilfe nehmen (Bitte keine Eieruhr und keinen Wecker, denn das würde dein Kind vermutlich als unangenehm empfinden). Sage deinem Kind, dass es noch so lange spielen kann, bis die Uhr abgelaufen ist und dass dann Abendbrotzeit ist. Wenn du die Uhr erst einmal etabliert hast, dann kannst du sie selbstverständlich für jeden zeitlichen Übergang nutzen. Du wirst sehen, dass dein Kind sich nach kurzer Zeit besser darauf einstellen kann, dass ein

Wechsel stattfindet. Achte außerdem darauf, dass du täglich dieselben Dinge etwa zur gleichen Uhrzeit tust. Denn auch das gibt deinem Kind Halt und Sicherheit. Anders als viele Kinder ist es verunsichert, wenn es heute nach der Schule plötzlich kein Mittagessen gibt, obwohl es doch sonst immer anders ist. Es würde sich sehr viel eher fragen, ob vormittags etwas vorgefallen ist, was dich vielleicht am Kochen gehindert hat. Die typische (vermutlich unbegründete) Sorge würde ganz automatisch in ihm entstehen. Aus diesem Grund solltest du grundsätzlich versuchen, dich an eingeprägte Abläufe zu halten. Wenn du aus einem Grund von solchen Abläufen abweichen musst, dann solltest du dieses unbedingt mit deinem Kind kommunizieren. Gehe nicht einfach darüber hinweg, dass es heute anders ist als sonst. Denn du kannst dir sicher sein, dass ein hsK etwas Ungewohntes sofort bemerken wird. Sage ihm, dass es sicher schon gemerkt hat, dass es heute anders ist als sonst, dass es dafür jedoch einen harmlosen Grund gibt. Auf diesem Weg nimmst du ihm mögliche Unsicherheiten oder Ängste.

Du solltest UNBEDINGT Pausenzeiten in den Alltag einbauen. Die wichtigste Pause ist nach der Schule beziehungsweise dem Kindergarten. Mit großer Wahrscheinlichkeit kannst du beobachten, dass dein Kind nahezu nichts von seinen Vormittagen erzählen mag. Das ist absolut normal und geht auch vielen nsK so. Die jungen Menschen haben nach dieser anstrengenden Zeit unwahrscheinlich viel zu verarbeiten. Für Erzählungen ist häufig gar kein Platz. Bedränge dein Kind in dieser Hinsicht auf gar keinen Fall, denn damit nimmst du ihm die Zeit, nachzubearbeiten. Wenn es zuhause ankommt, lass es gerne alleine, wenn es dieses wünscht. Gib ihm mindestens eine halbe Stunde, bevor ihr Mittag esst oder mit den Hausaufgaben beginnt, denn diese Zeit braucht dein Kind, um wieder „runterzukommen“. Beobachte einmal selber, wann genau dein Kind eigentlich häufig in unerwünschte Verhaltensmuster fällt. Das sind die Zeiten, die es überfordern. Versuche, diese Zeiten herauszufinden und an der Stelle Pausen einzuführen. Denn dadurch gibst du ihm die Möglichkeit, wieder zu Kräften zu kommen.

Auch im Bereich des Verhaltens solltest du unbedingt gemeinsam mit deinem Kind eine Struktur erarbeiten, mit der es sich selber helfen kann. Denn gerade, wenn ihr schon im Bereich der Achtsamkeit trainiert habt, ist es selber in der Lage, zu erkennen, wann es eine Pause braucht. Ich habe mit Absicht mehrfach in diesem Buch die Phrase „Akku leer“ gebraucht. Denn das ist ein Bild, von dem dein Kind mit großer Wahrscheinlichkeit eine genaue Vorstellung hat. Es weiß, dass der Akku voll ist, sich nach und nach leert und schließlich geladen werden muss, damit das entsprechende Gerät wieder funktionstüchtig ist. Dieses Bild ist eins zu eins auf uns als Menschen anwendbar. Denn auch wir funktionieren nur noch schwächer und schließlich gar nicht mehr, wenn wir nicht mit Energie versorgt werden. Für dein Kind kann es ausgesprochen hilfreich sein, diese Verbildlichung aktiv zu nutzen. Gestaltet doch gemeinsam einen Akku aus Pappe und vier unterschiedliche Ladungszustände – voll, halbvoll, kritisch, leer. Gerade beim Hausaufgabenmachen oder anderen stressigen Situationen hat dein Kind dadurch die Möglichkeit, konstant anzuzeigen, wie es sich fühlt. Sowohl für dich als auch für Lehrkräfte ist es dann vermutlich weit weniger überraschend, wenn dein hsK plötzlich auf dem Stuhl hin und her rutscht oder sich aber zurückzuziehen beginnt. Dein Kind bekommt eine ganz simple Möglichkeit, aufzuzeigen, wenn es keine Energie mehr hat. Situationen, in denen es verzweifelt versucht, seine Lage zu erklären – diesem jedoch aufgrund der Überforderung gar nicht mehr gewachsen ist – lassen sich alleine dadurch vermeiden, dass es verinnerlicht hat, bereits im kritischen Zustand auf sich aufmerksam zu machen.

Medienkonsum

Kommen wir zum berühmt berüchtigten Thema der Medien. Natürlich weißt du, dass jegliche Form von Medien dein Kind übermäßig stark belasten. Egal, ob dein Kind vor dem Fernseher, dem Smartphone oder der Spielkonsole sitzt – es wird Reizen geflutet, die auf den normalen Alltag noch einmal obendrauf kommen. Dennoch möchte ich an dieser Stelle gar nicht sagen, dass du deinem Kind alle Medien entziehen sollst – ganz im Gegenteil. Dein Kind wird niemals verstehen, warum Gleichaltrige Medien zur Verfügung gestellt bekommen, es selbst jedoch leer ausgeht. Spätestens im Teenageralter wird es vermutlich Medien im Überfluss nutzen, um den gefühlten Verlust aufzuholen. Versuche, ihm einen gesunden Umgang mit Medien beizubringen. Setze gezielte Fristen, in denen es ein Smartphone nutzen darf. Auch die Spiele, die es darauf spielen darf, solltest du unbedingt vorher kontrollieren. Es sollte sich um Spiele handeln, die mit langsamen Bildern laufen und nicht überfordernd aufgebaut sind. Bei vielen Smartphones hast du bereits die Möglichkeit, sowohl Zeit als auch Nutzung in einer „Kinderecke" einzurichten. Hiermit bist du sicher, dass dein Kind im Umgang mit Medien unter Kontrolle ist und ihm deutlich weniger Gefahren drohen. Das gleiche Spielverhalten gilt natürlich auch in Bezug auf Spielekonsolen. Beobachte das Verhalten deines Kindes während der Nutzung, um Zeit und Spiele gegebenenfalls anzupassen. Auch der Fernseher ist kein absolutes Tabu. Hier empfehle ich dir, kurze Fernsehsendungen gemeinsam mit deinem Kind anzuschauen. Häufig empfindet es die Emotionen der Figuren sehr viel intensiver als andere Kinder. Es kann deutlich schneller zu Angst, Traurigkeit und Aufregung kommen. Wenn du bei deinem Kind bist, hast du die Möglichkeit, in genau diesen Momenten gezielt einzuschreiten. Passe die Sendungen, die ihr schaut auf die Wissbegierde und die Fähigkeiten deines Kindes an. Ein Kind mit kognitiver Hs wird sich sehr für Wissenssendungen interessieren. Hierzu zählen zum Beispiel die Kinderserien „Wissen macht Ah!", „Anna und die wilden Tiere", „Logo" oder „Checker Tobi". In diesen Formaten kann dein Kind sogar viel Neues dazulernen – und dagegen ist überhaupt nichts einzuwenden.

Parallel solltest du natürlich immer auf einen angemessenen Ausgleich achten. Schaue darauf, dass dein Kind genügend Bewegung bekommt, denn sportliche Aktivitäten entspannen nachweislich Körper und Geist. Gehe mit ihm in den Garten oder auf den Spielplatz, schwingt euch aufs Fahrrad oder geht zum Schwimmen. Du wirst merken, dass dein Kind deutlich ausgeglichener sein wird, wenn es sich körperlich betätigt. Passe alle freizeitlichen Aktivitäten unbedingt deinem Kind an. Auch hier gilt wieder: Liegt eine kognitive Hs vor, dann spiele Rätselspiele mit ihm, mache Experimente und „füttere" seinen Wissensdurst. Bei einer emotionalen Hs eignen sich diverse Rollen- und Theaterspiele hervorragend, weil es in der Lage ist, Emotionen auf diesem Weg zu erfahren und zu verarbeiten. Zusätzlich erlernt es durch dich als Vorbild den Umgang mit negativen Emotionen, indem du eben nicht mit den Füßen aufstampfst und schreist, sondern dich vielmehr öffnest und das, was in dir vorgeht, konkret benennst. Bei einem Kind mit sensitiver Hs solltest du ganz besonders darauf achten, dass das Spiel so wenig Sinne wie möglich parallel zueinander anspricht. Es sollte sich vorrangig auf einen konkreten Sinn beziehen. So kannst du zum Beispiel mit ihm kneten, wenn es dieses mag. Versuche dabei aber nicht, dich an der Leistung zu orientieren, sondern gezielt die Sinneserfahrung zu benennen (z.B. „Magst du es lieber, wenn die Knete ganz kalt ist? Oder fühlt es sich schöner an, wenn du sie schon warmgeknetet hast?")

Vielleicht denkst du jetzt, dass es doch logisch ist, dass du dich mit deinem Kind beschäftigst. Aber dennoch möchte ich noch einmal hervorheben, warum das gerade für dein Kind so wichtig ist. Wir alle gehen verständlicherweise davon aus, dass zu viele Reize überfordern – und das ist ja auch genau richtig. Aber leider vergessen wir dabei, dass gerade ein hsK in ein tiefes Loch fällt, wenn es sich langweilt. Denn der Umbruch von den Extremreizen, denen es permanent ausgesetzt ist, zur Reizunterforderung ist enorm. Das ist es, was eine Hs so „unberechenbar" macht. Denn du als Elternteil musst feinfühlig genau das richtige Maß treffen, um dein Kind weder zu überlasten noch es zu unterfordern. Und das braucht eine ganze Menge Beobachtungsgabe und Feingefühl.

Umgang mit der Schule

Spätestens im Umgang mit der Schule wirst du mit großer Wahrscheinlichkeit auf Schwierigkeiten wie Neid und Missgunst treffen. Leider gibt es immer wieder Eltern, die danach streben, dass ihr eigenes Kind die besten Ergebnisse erzielt. Solche Eltern sind es dann häufig, die dir und deinem Kind Steine in den Weg legen. Wie bereits erwähnt, braucht dein Kind keine Sonderbehandlung, um besser zu sein als die anderen. Es braucht sie, um eine Chancengleichheit zu erstellen. Erinnere dich hierfür noch einmal an das Beispiel mit den drei Hockern und den drei unterschiedlich großen Männern vor einer Mauer zurück. Es wäre logisch, dass der größte Mann, welcher ohnehin über die Mauer schauen kann, auf einen Hocker verzichtet, damit der kleinste Mann auf zwei Hockern stehen kann, um ebenfalls über die Mauer zu schauen, nicht wahr? Ich bin mir fast sicher, dass es nahezu niemanden gibt, der es unfair dem großen Mann gegenüber fände, dass er nun keinen Hocker hätte. Dann stellt sich jedoch die Frage, warum es im Umgang mit Kindern im schulischen Kontext immer zu exakt diesen Problemen kommt. Warum beschweren sich Eltern, weil dein Kind zusätzliche Pausenzeiten hat? Sie sollten sich doch viel eher darüber freuen, dass ihr Kind so leistungsstark ist, dass es eine Unterrichtseinheit problemlos mitverfolgen kann, nicht wahr? Aber genau an solchen Eckpfeilern können vermehrt Konflikte auftreten. Das Gespräch zwischen dir und den Lehrkräften ist von enormer Wichtigkeit! Erkläre vermehrt, WARUM dein Kind andere Voraussetzungen hat als andere Kinder, denn nach wie vor wird das Thema Hs häufig noch belächelt. Stelle heraus, welche Hilfen es benötigt, um leistungsfähig zu sein (hierzu komme ich gleich noch einmal gezielt). Und wenn Beschwerden an die Lehrkräfte herangetragen werden, dann denke bitte nicht: Mir egal, was andere denken – solange sie uns in Ruhe lassen. Denn du kannst dir ziemlich sicher sein, dass sie euch eben nicht in Ruhe lassen werden. Es gibt Eltern, die sich vermehrt über Chancenungleichheit beschweren und in einigen Fällen lassen sich Lehrkräfte (unbewusst) hiervon beeinflussen. Der Ärger, der

entsteht, könnte auf dein Kind abgewälzt werden, denn immerhin ist es ja dafür „verantwortlich“, dass dieser Extraaufwand stattfinden muss. Das daraus folgende Resultat könnte sein, dass seine Bedürfnisse in Zukunft weniger berücksichtigt werden. Versuche daher, sowohl mit den Lehrkräften und falls nötig auch mit den entsprechenden Eltern ins Gespräch zu gehen und zu verdeutlichen, dass es dir eben nicht darum geht, dass dein Kind besser ist als alle anderen, sondern, dass es ohne angepasste Maßnahmen häufig große Probleme in der Schule haben wird. Das Schöne an der Sache ist jedoch, dass die Hilfestellungen, die dein Kind braucht, keines der anderen Kinder beeinflusst. In der Regel ist ein hsK erfolgreich in der Lage, die Maßnahme zu ergreifen, die es in diesem Moment braucht ohne dabei den Schulalltag zu stören.

Solltest du dennoch merken, dass die Lehrkräfte oder das Schulkonzept nicht zu deinem Kind passen, dann scheue dich nicht davor, die Schule zu wechseln. Ein solcher Wechsel sollte unbedingt frühzeitig stattfinden. Am besten wäre es, wenn du bereits vor Eintritt in die Schule überprüft hättest, ob diese geeignet ist dich und gegebenenfalls umorientiert hättest, denn so ersparst du deinem Kind einen Abbruch.

Zum Teil eignen sich einige Privatschulen sehr viel besser für hsK. Natürlich kosten diese immer Geld, weshalb du überlegen solltest, ob das überhaupt infrage kommt. Manche Lernkonzepte, wie z.B. Montessori- oder Waldorfpädagogik können besser zu deinem Kind passen als eine Regelschule. Befasse dich gerne einmal mit den Konzepten, um herauszufinden, ob dein Kind sich hier wohlfühlen könnte. Dein Kind wird mit großer Wahrscheinlichkeit nicht im geschützten Rahmen (Inklusion, Integration, Koop-Verfahren) unterrichtet werden können, da in diesem Fall eine (Lern-)Behinderung vorausgesetzt wird. Auf ähnliche Maßnahmen kannst du dementsprechend nur hoffen, wenn du einen offenen, vertrauensvollen Umgang mit der Schule hast.

Hast du eine Schule gefunden, mit der eine gute Zusammenarbeit möglich ist, könnten folgende Tipps deinem Kind helfen, dem Unterricht besser zu folgen:

Reizarmer Klassenraum: Möglichst wenig Anschauungsmaterial und Plakate an den Wänden, da diese ablenkend wirken, Materialien am besten in geschlossenen Fächern verstaut. Möglichkeiten, die Fenster durch Rollos etc. zu verschließen, um direkte Sonneneinstrahlung oder Ablenkungen auf dem Schulhof minimieren zu können.

Pausenzeiten: Dein Kind braucht mehr Pausen, damit es die Reize besser verarbeiten kann. Auf diesem Weg verpasst es zwar zwischendurch einige Minuten Unterricht, kann sich dann aber in der Regel wieder gut konzentrieren. Stehen ihm diese nicht zur Verfügung, wird es sich zurückziehen und den Rest des Vormittags verpassen. Fünf Minuten eignen sich häufig. Gib ihm eine Sanduhr mit der entsprechenden Zeit mit. Wenn es sich zurückziehen muss, kann es dieses kurz bei seiner Lehrerin anzeigen und mit der Sanduhr zusammen den Raum verlassen. Im Normalfall sind hsK so normenbezogen, dass sie nach der vereinbarten Zeit selbstständig wieder in den Klassenraum zurückkehren.

Reizstopps: Um dein Kind vor überflüssigen Reizen zu schützen, gibt es mehrere Möglichkeiten. Der Tisch sollte nicht unmittelbar am Fenster stehen. Ein Platz an einer (leeren) Wand eignet sich deutlich besser. In Stillarbeitsphasen kann es Kopfhörer (Mickymäuse) tragen falls es diese verträgt, um Geräusche zu minimieren. Beim Lesen kann es zeilenweise ein Lesezeichen verwenden, um in der entsprechenden Zeile zu bleiben. Wenn Bilder oder dergleichen dennoch ablenkend wirken, kann die entsprechende Seite ohne Bilder kopiert werden oder ein Rechteck aus einem weißen Blatt herausgeschnitten werden. Dein Kind kann nun mit dem Blatt die Seite verdecken und jeweils immer nur das lesen, was gerade in dem Viereck offen liegt. Werde gerne kreativ. Bitte dein Kind, mit darauf zu achten, in welchen Momenten es besonders abgelenkt ist und entwickelt gemeinsam sogenannte „Reizstopps“, die genau diese Reize aufhalten. Mit großer Wahrscheinlichkeit werden auch deinem Kind selbst erfolgreiche Strategien einfallen, um diese Reize zu stoppen, bevor sie bei ihm ankommen.

Lernformen: Jeder Mensch lernt auf unterschiedlichen Wegen. Die einen lernen über das Auge, andere über das Hören, wieder andere brauchen die Lerninhalte greifbar und erfahrbar, um sie besser verinnerlichen zu können. Im besten Fall geht die Lehrkraft da ohnehin individuell bei jedem Kind vor. Alle sollten die Möglichkeit haben, so zu lernen, wie es ihnen am leichtesten fällt. Sollte diese Möglichkeit in der Schule nicht zur Verfügung stehen, gib deinem Kind zuhause die Chance, es nachzuholen. Wenn es durch Spüren besser lernt, dann lass es Mengen in Form von Bausteinen etc. anfassen und nachbilden. Lass es gelesene Inhalte im Theaterspiel wiederholen oder als Bild malen usw. Auf diesem Weg wird ihm das Lernen deutlich leichter fallen. Nutze hierfür auch gerne die besondere Gabe deines Kindes. Ist es zum Beispiel sensibel im emotionalen Bereich, dann vermittle ihm die Inhalte auf der entsprechenden Ebene („Wie fühlt es sich für dich an, dass du plötzlich die ersten Worte alleine lesen kannst? Hast du nicht direkt das Gefühl, mehr lesen zu wollen?“)

Stress und Druck vermeiden: In jedem Fall solltest du jegliche Form von Stress und Druck vermeiden. Vergiss niemals, dass genau der Stress dafür verantwortlich ist, dass dein Kind Schwierigkeiten hat, im Unterricht mitzukommen. Es liegt fast niemals an seinem IQ, sondern grundsätzlich an der Überreizung. Das Schlimmste, was du tun könntest, wären zusätzliche Reize. Entspanne die Situation. Arbeite mit deinem Kind, nachdem es eine Pause nach der Schule hatte und frage es direkt, ob es das Gefühl hat, etwas aus der Schule aufarbeiten zu müssen. Anschließend könnt ihr die Hausaufgaben angehen. Spürst du, dass dein Kind unruhig wird, mache eine Pause usw. Arbeite lieber über einen längeren Zeitraum entspannt und mit Pausen mit ihm, anstatt die Hausaufgaben schnellstmöglich, aber unter großem Druck abzuschließen.

Therapeutische Maßnahmen

Ich habe schon mehrfach erwähnt, dass Hs eine Charaktereigenschaft ist – eine sehr positive noch hinzu, wenn der Gesellschaftsdruck nicht so extrem gewachsen wäre. Da stellt sich natürlich die Frage, warum eine Therapie vonnöten sein könnte. Diese Frage ist jedoch sehr leicht zu beantworten. Nicht jedes hsK braucht eine Therapie und die Form der Therapie ist von Kind zu Kind sehr unterschiedlich – ganz einfach, weil Hs an sich schon in so vielen Facetten auftritt. Ich möchte hier einige Therapieformen vorschlagen, die für dein Kind gegebenenfalls geeignet sein könnten. Ich bitte dich dennoch darum, Therapien nur dann zu nutzen, wenn du sie auch wirklich als nötig erachtest. Vermittle deinem Kind nicht, dass es unbedingt eine Therapie machen müsste, obwohl es selber gar nicht das Gefühl hat, denn dann zeigst du ihm damit eher, dass es „falsch" ist, wie es ist. Wenn du nicht das Gefühl hast, dass eine Therapie nötig sei, du dir trotzdem wünschst, dass dein Kind in seinem Wohlbefinden und Selbstwert gestärkt wird, dann eignen sich viele Hobbies ebenfalls hervorragend (s. nächstes Kapitel)

Psychotherapie: Diese Therapie ist nur dann angebracht, wenn dein Kind einen Leidensdruck verspürt. Nimmst du depressive Verstimmungen, anhaltende Traurigkeit oder massiven Rückzug wahr, dann kann eine Psychotherapie hilfreich sein. Gerade, wenn dein Kind sich vermehrt fragt, warum es denn „anders“ sei oder an sich zweifelt, kann es nötig sein, es wiederaufzubauen. Meistens treten solche Stimmungen eher bei älteren Kindern und Jugendlichen auf.

Spieltherapie: Gerade, wenn dein Kind ungerne Dinge erzählt und Schwierigkeiten hat, Erlebtes zu verarbeiten, kann eine Spieltherapie sinnvoll sein. In Rollenspielen oder Ähnlichem spielen die Therapeuten mit Kindern Erlebtes nach und beziehen die Gefühlswelt intensiv mit ein. Sie haben die Möglichkeit, solche Spiele in neue Bahnen zu lenken, um dem Kind andere mögliche Ausgänge aufzuzeigen etc. Eine Spieltherapie fördert weiterhin die sozialen Fähigkeiten deines Kindes.

Kreative Therapie: Viele hsK sind sehr kreativ. Das kann im musikalischen, im zeichnerischen oder im tänzerischen Bereich der Fall sein. Finde du nun heraus, wo die kreative Schaffenskraft deines Kindes liegt. In dieser Therapieform lernt das Kind, sich intensiver auszudrücken und bekommt das Gefühl, dass es wert ist, sich zu zeigen. Ein weiterer positiver Faktor ist die Entspannung, die mit einer kreativen Therapie einhergeht. Hier geht es niemals darum, etwas nach einem ganz bestimmten Bild schaffen zu müssen, sondern immer darum, im Einklang mit dem eigenen Körper und Wohlbefinden zu agieren.

Tiergestützte Therapie: Gerade Kinder mit emotionaler Hs können sehr von einer tiergestützten Therapie profitieren. Hier werden ganz besonders sozial-emotionale Fähigkeiten erlernt. Das Gefühl, mit einem Tier zu arbeiten und sich auf eine bestimmte Art und Weise zu verhalten, damit es eine entsprechende Reaktion zeigt, ist gerade für ein hochsensibles Kind mit enormem Stolz verbunden.

Ergotherapie: In der Ergotherapie kann die Handlungsfähigkeit sehr gut trainiert werden. Konzentrationsschwierigkeiten und Schlafstörungen sind ebenfalls Teile des Konzepts einer Ergotherapie. Hier wird gleichermaßen mit Körpergefühl und Strategie gearbeitet, sodass dein Kind neue Konzepte zur Bewältigung von Alltagssituationen, aber auch Konfliktbewältigungsstrategien erlernen kann.

Umgang

mit eigenem Stress

Das Leben mit einem hsK ist schwierig und nervenaufreibend: So, jetzt ist es raus! Spüre einmal nach, wie dieser Satz auf deiner Zunge schmeckt. Hast du das Gefühl, dein Kind zu verraten, wenn du zugibst, dass es nicht leicht ist, mit seinen besonderen Bedürfnissen umzugehen? Hast du dich denn noch niemals gefragt, warum dein Kind denn jetzt schon wieder…

- etwas an dem Essen zu bemängeln hat?
- Das T-Shirt als unangenehm empfindet?
- Aus dir unerfindlichen Gründen „durchdreht"?
- Abblockt, obwohl die Stimmung eigentlich schön war?
- Bockt, weil ihm etwas nicht passt?
- Deine Überraschung total doof findet?

Kommen dir solche oder ähnliche Fragen in den Sinn und wünschst du dir manchmal, dass dein Kind nicht ständig auf alles so stark reagieren würde? Wenn das so ist, dann schämst du dich möglicherweise direkt im Anschluss an solche Fragen. Aber ich möchte dir ans Herz legen, solche Fragen zuzulassen! Denn sie sind die wichtigste Voraussetzung im Zusammenleben mit unseren Kindern. Und tröste dich: Jeder Elternteil – auch der vom nsK – ist manchmal überfordert im Umgang mit seinem Kind. Niemand wird uns absprechen, unsere Kinder weniger zu lieben, nur weil wir erkennen, dass es schwieriger ist, mit ihren Bedürfnissen umzugehen. Im Gegenteil. Versuche, einmal zu schauen, was in deinen Fragen so alles drinsteckt. In der Frage, was es denn nun schon wieder am Essen zu bemängeln hat, könnte die Antwort stehen: „Mein Kind kann nur schwer mit den unterschiedlichen Konsistenzen des Gemüses umgehen.“ Und daraus wiederum ergeben sich für dich exakt zwei Möglichkeiten.

1. Du lässt das Essen wie es ist und begibst dich in einen nutzlosen Machtkampf.
2. Du pürierst das Essen, sodass die Konsistenzen des Gemüses einheitlich werden.

Bitte mache dir immer klar, dass dein Kind im Bereich seiner Hs niemals provokant ist, um dich zu ärgern, sondern weil es ernsthafte Probleme hat. Nutze diese Bedürfnisse nicht als Plattform der Macht. Denn wenn du deinem Kind sagst, dass es das Gemüse gefälligst trotzdem zu essen habe, dann wirst du möglicherweise dein Ziel erreichen. Im „besten“ Fall hat dein Kind am Ende des Mittags das Gemüse unter einem enormen emotionalen Druck irgendwie heruntergewürgt. Aber ist es das, was du möchtest? Vermutlich nicht. Und genau aus diesem Grund solltest du die Überforderungssituationen ganz bewusst wahrnehmen, anstatt sie zu verdrängen. Frage dich, warum die Situation möglicherweise gerade eskaliert und ob es nicht doch einen Weg gibt, der deutlich einfacher ist. Verstehe mich jetzt bitte nicht falsch: Ich meine nicht, dass du deinem Kind alles durchgehen lassen solltest und keine Grenzen setzen solltest. Das wäre absolut fatal! Aber wenn dein Kind aufgrund seiner Hs oder aber konkreter Argumente um die Verschiebung einer Grenze bittet, dann sollest du kompromissbereit sein. Ein Beispiel:

Nehmen wir einmal an, dein Kind darf 15 Minuten am Tag fernsehen. Nun hat es mit einer Serie begonnen, aber die Werbepause setzt so blöd ein, dass es die letzten zwei Minuten verpassen würde. Was genau hätten wir davon, auf die exakten 15 Minuten zu pochen, anstatt kompromissbereit das Kind die paar Minuten zu Ende sehen zu lassen? Solche Kompromisse sollten in jeder Eltern-Kind-Beziehung Raum finden, denn nicht immer haben wir als Eltern Anspruch auf „Recht haben". Im Bereich der hochsensiblen Bedürfnisse deines Kindes könnte ein Kompromiss auch so aussehen: Als Familienausflug geht ihr zusammen in den Barfußpark. Die Enttäuschung, dass dein Kind sich weigert, die Schuhe auszuziehen, ist groß. Und natürlich werdet ihr schräg angesehen, weil sich dein Kind nicht so anstellen soll – alle Kinder gehen doch schließlich gern barfuß. Du hast die Wahl, ob trotzdem etwas Schönes oder ein Desaster aus dem Ausflug wird. Ihr braucht den Park nicht zu verlassen, denn natürlich können die Bedürfnisse deines hsK nicht dein Leben vollends bestimmen. Aber wenn dein Kind mit Schuhen ne-

benbei laufen darf, ggf. sogar mal die Hände auf die Fuß-
pfade legen oder Fotos von euch im Matsch schießen darf,
dann habt ihr eine tolle Lösung gefunden, wie es ein inte-
grierter Teil eurer Familie sein kann ohne, dass es eigene
Grenzen überschreiten oder ihr auf etwas verzichten müsst.

Kurz gesagt: Spüre ganz bewusst, wenn du an deine Grenzen
stößt und sei kompromissbereit. Versucht gemeinsame Lö-
sungen zu finden, anstatt bei Alltagsproblemen wegzusehen.
Du hast sogar das Recht, deinem Kind zu sagen, dass du ge-
rade wirklich nicht verstehst, was die Situation so schwierig
macht und gerne mit ihm gemeinsam eine Lösung finden
würdest. Denn eines kannst du mir glauben. Ein hsK spürt
deine Überforderung in jedem Fall! Du bist ihm keinerlei
Hilfe, wenn du so tust, als wäre alles in Ordnung und dann
letztendlich vor
überlaufendem
Stress noch zu
schreien be-
ginnst. Versu-
che, schon deut-
lich vorher dei-
nen eigenen
Stress durch be-
wusste Bewälti-
gungsstrategien
zu lindern.

Emotionen und Reaktionen des Kindes richtig interpretieren

Hier befinden wir uns exakt an dem eben genannten Punkt. Die unerwünschten Reaktionen deines Kindes sind in den meisten Fällen nicht auf Trotz oder Bock zurückzuführen. Häufig sind sie eher eine Bitte um Hilfe. Stelle dir einmal einen schreienden und weinenden Säugling vor. Die häufigste Reaktion von Eltern auf ein solches Baby ist das Anheben, das Knuddeln und Hin- und Herwiegen, um es zu beruhigen. Aber auch das Bespaßen ist eine gerne genommene Methode zur Ablenkung. Das kann für einen normalsensiblen Säugling auch durchaus hervorragend passen. Bei einem hochsensiblen Säugling kann das ganz anders aussehen. Warum weint ein Säugling überhaupt? Die Antwort ist ganz leicht. Ein Säugling weint IMMER aufgrund negativer Reize. Das kann in Überforderungssituationen sein, bei der spürbaren Nässe der Windel, dem Hungergefühl im Bauch oder dem beängstigenden Gefühl, wenn die Bezugsperson plötzlich nicht mehr da ist. Natürlich kann das Weinen auch aufgrund einer Überreizung zustande kommen. So ist es möglich, dass er schreit, weil er völlig überfordert ist. Wenn du als Elternteil jetzt beginnst, das Kind hin- und herzuwiegen oder gar es zu bespaßen, dann setzt du auf die Überforderung ungewollt noch eines obendrauf. Der Säugling wird vermutlich noch intensiver schreien. Würdest du ihn allerdings einfach auf den Arm nehmen und halten, im Höchstfalle ganz leise und zart eine beruhigende Melodie summen, würde sich das Schreien mit großer Wahrscheinlichkeit deutlich schneller legen.

Die beschriebene Situation ist eins zu eins auf ältere hsK anzuwenden. Je überreizter sie sind, desto mehr solltest du die Reize mindern, um die Situation zu deeskalieren. Das ist selbstverständlich sehr viel leichter gesagt als getan. Denn wir alle kennen Situationen, in denen auch wir völlig überfordert am Anschlag unserer Kräfte sind und versuchen, beruhigend an ein scheinbar außer Rand und Band geratenes Kind einzureden. Wenn das jedoch nicht zügig gelingt, kann es jedem Einzelnen von uns passieren, eben doch aufgebracht zu reagieren oder sogar zu schreien. Und das ist das Allerletzte, was passieren sollte, denn es bewirkt exakt das Gegenteil von dem, was wir doch eigentlich erreichen möchten.

Mit den nächsten Beispielen möchte ich ganz konkret auf Situationen eingehen, die Konfliktpotential bergen. An diesen werde ich erklären, wie man sie zum einen von Vornherein umgehen und zum anderen einlenken kann, wenn das Kind bereits in den Brunnen gefallen ist.

Kleidung

Wie du weißt, ist die Kleidung bei einem hsK häufig ein ganz besonderes Thema. Um dem Stress morgens vor dem Kleiderschrank aus dem Weg zu gehen, empfehle ich dir, Kleidungsstücke nur dann zu kaufen, wenn dein Kind sie „abgesegnet“ hat. Glaube mir, es fühlt die Nähte, das Kratzen im Stoff, die eingenähten Schildchen usw. sehr viel deutlicher als wir es jemals erlernen könnten. Wenn dein Kind von Anfang an etwas gegen ein bestimmtes Stück einzuwenden hat, dann wirst du es ihm nicht stressfrei überziehen können. Achte neben den Materialien auch ganz besonders auf die Größe. Ärmel und Beine sollten weder zu kurz, noch zu lang, aber auch nicht zu weit oder zu eng sein.

Wenn ihr aus dem Haus geht, dann solltest du unbedingt Wechselwäsche dabeihaben. Sollte es dazu kommen, dass Ärmel oder Beine des Kindes nass werden, dann kann es sogar dahinführen, dass ihr zurück nach Hause müsst, weil es nichts anderes, als die nasse Wäsche auf seiner Haut spürt. Weiterhin ist es sinnvoll, gerade dein Kind im Zwiebellook anzukleiden – also mehrere Kleidungsstücke übereinander zu ziehen. Da es äußerst temperaturempfindlich ist, hat es somit die Möglichkeit, sich nach Belieben an- oder auszukleiden.

Ein Kleidungskauf kann gerade mit deinem Kind natürlich aber wiederum zu einer großen Herausforderung werden. In diesem Fall kann es besser sein, mehrere Stücke liefern zu lassen und Unpassendes wieder zurückzuschicken. Auf diesem Weg ist es für dich und dein Kind sehr wahrscheinlich am stressfreisten.

Sollte eine Situation aufgrund eines Kleidungsstückes zu eskalieren drohen, dann rate ich dir, ohne Machtkampf nachzugeben. Trenne das Schildchen hinten vom Saum ab, nähe den Knopf zu, tausche die Hose gegen eine Leggins o.Ä. Mache dir in diesem Fall wieder deutlich, dass dein Kind sich wirklich unwohl fühlt. Stelle dir gerne in so einer Situation vor, wie du dich in dem unangenehmsten Kleidungsstück deines bisherigen Lebens gefühlt hast. Denn dann wirst du dein Kind besser verstehen können – selbst wenn die Situation ernüchternd bleiben mag.

Einkaufen

Das Einkaufen von Lebensmitteln ist stressig – nicht nur für dein Kind, nicht wahr? Wie oft stehen wir vor Regalen, weil wir nicht finden, was wir suchen oder uns nicht entscheiden können. Hand aufs Herz: Du fühlst dich doch sicherlich auch am wohlsten in Läden, die du gut kennst oder? Wenn du dich dafür entscheidest, dein Kind mit zum Einkaufen zu nehmen, dann mache dir diesen Stress zunächst einmal bewusst. Das Kind wird überflutet mit der Vielfalt an unterschiedlichen Lebensmitteln, einer Menge verschiedener Gänge, der Musik, der immer wieder eingespielten Werbungen im Hintergrund, diversen Kunden, die durch die Geschäfte ziehen, dem Piepsen an den Kassen und, und, und. Wenn du die Wahl hast, ob du dein Kind mit zum Einkaufen nimmst oder es zuhause lässt, dann würde ich mich persönlich in jedem Fall dafür entscheiden, es zuhause zu lassen. Freiwillig solltest du dein Kind diesen Reizen nur dann aussetzen, wenn es sich um einen schnellen Einkauf von drei bis vier Teilen handelt. Dann hat es das Gefühl, teilhaben zu können (denn es ist gleichermaßen ein Glücksgefühl, Eltern beim Einkauf begleiten zu dürfen) ohne aber über einen langen Zeitraum überfordert zu sein. Versuche, diese Zeit als gemeinsame Erfahrung zu sehen und nicht als „abarbeiten“. Triff zum Beispiel die Entscheidung nach der Wurst- oder Käsesorte mit deinem Kind gemeinsam. Hierfür suchst du zwei bis drei unterschiedliche Sorten aus, aus welchen dein Kind dann wählen darf. Stelle es bitte nicht(!) vor das Regal mit der Aufforderung, etwas aus dem gesamten Sortiment auszusuchen. Denn das wäre viel zu schwer für dein Kind.

Weiterhin solltest du bereits vor dem Einkauf mit deinem Kind besprechen, ob es sich ein Eis, eine Süßigkeit etc. aussuchen darf oder eben nicht. Im Normalfall ist es sehr gut darin, sich an Absprachen zu halten und wird sich während des Einkaufes daran orientieren. Sollte es doch zu Überforderung und Fehlverhalten beim Einkauf kommen, bedenke immer, dass dein Kind Vorrang haben muss. Hetze nicht mit ihm durch den Laden in der Hoffnung, mit deinem schreienden Kind noch schnell den Rest holen zu können. Begib dich auf seine Höhe und halte es fest, falls es das zulässt. Gerne kannst du auch seinen Kopf leicht an dich drücken, um es ein wenig von den Reizen abzuschirmen. Auch hier vermeide unbedingt jeglichen zusätzlichen Stress. Wenn du merkst, dass dein Kind sich nicht beruhigen lässt, dann hole es so schnell wie möglich aus der Situation heraus. Im besten Fall (und ich weiß, dass das nur selten möglich ist) seid ihr mit noch einem weiteren Erwachsenen beim Einkaufen, sodass du den Laden sofort mit deinem Kind verlassen kannst, während deine Begleitung noch schnell den Rest einkauft. Sollte das nicht der Fall sein, begebe dich direkt zur Kasse und zahle das, was du hast. Im Ernstfall lasse deinen Wagen sogar einfach stehen, denn dein Kind muss immer Priorität haben.

Schulaufgaben

Zu den Schulaufgaben hast du bereits einiges gelesen. Das Allerwichtigste ist die Pausenzeit nach der Schule. Gönne deinem hsK Zeit, das Erlebte zu verarbeiten und neue Kraft zu schöpfen, bevor es sich wieder konzentrieren muss. Schaffe für die Aufgaben einen reizfreien, angenehm belichteten Platz. Sorge dafür, dass sich keinerlei Spielzeug oder weiteres ablenkendes Material in der Nähe deines Kindes befindet. Im allerbesten Fall hast du dafür die Möglichkeit außerhalb des Schlaf- und Spielzimmers deines Kindes. Frage dein Kind nun, mit welcher Aufgabe es beginnen möchte. Im Optimalfall habt ihr bereits die Strategie entwickelt, mit dem anspruchsvollsten anzufangen, damit es noch leistungsfähig genug ist. Das leichtere oder Spaßigere sollte entweder am Schluss kommen oder zwischen schwereren Aufgaben, wenn kurz „die Luft raus" ist. Weiterhin musst du selbstverständlich mit deinem Kind genügend Pausen machen. Versuche nicht, die Aufgaben schnellstmöglich, sondern so entspannt es geht, fertigzubekommen. Sei eine Hilfestellung für dein Kind, wenn du merkst, dass es abschweift oder sich nicht konzentrieren kann. Frag es zum Beispiel, was es gerade braucht, damit es besser klappt. Und auch hier gilt wieder: Gerätst du an einen dieser Tage, an denen einfach nichts so recht klappen möchte, dann brich die Hausarbeiten ab. Setze dich mit der Lehrkraft in Verbindung und vereinbare, dass ihr die Hausaufgaben an einem Tah nacharbeiten werdet, an dem es besser läuft.

Ausflüge

Bereite dein Kind grundsätzlich gut auf jeden Ausflug vor. Ein Überraschungsausflug ist der beste Weg zur vollständigen Katastrophe. Weder mag dein Kind das Gefühl, nicht zu wissen, wo es hingeht, noch kann es von dem Gedanken ablassen, dass es dann vielleicht etwas Wichtiges vergessen hätte. Natürlich weiß es, dass du seine „Macken“ gut genug kennst, um Wechselwäsche dabeizuhaben. Auch die Brotdosc, die du grundsätzlich mitnehmen solltest, weil es das Gefühl von Hunger noch schlechter ertragen kann, als du selbst, hast du natürlich in der Tasche. Aber wie sieht es mit seinem neuen Quietsche-Entchen aus, wenn ihr in den Park fahrt? Es hatte sich doch so fest vorgenommen, es den anderen Enten vorzustellen. Wir alle können nicht in den Kopf unserer Kinder hineinschauen. Und oftmals wären wir verblüfft über die zahlreichen Ecken, über die unsere Kleinen denken – was dann letztendlich aber meistens wieder einen Sinn ergibt. Und in ebendiesen Momenten haben wir dann das entscheidende Detail für den entsprechenden Ausflug eben nicht dabei. Was für uns in diesem Fall wieder einmal harmlos sein kann, kann für dein Kind die Welt bedeuten. Auch aus diesem Grund solltest du es bereits vorweg über Ausflüge informieren. Zudem hat es so die Möglichkeit, sich einige Dinge bereits im Kopf vorzustellen. Es kann überlegen, was es machen und was es eben nicht machen möchte und somit bereits vorher Unsicherheiten aus dem Weg gehen.

Am Tag des Ausflugs informiere dein Kind (je nach Alter) direkt darüber, wie er stattfinden wird. Wie lang ist die Fahrzeit ungefähr? Wo esst ihr Mittag? Wie lange bleibt ihr in etwa? Usw.

Ganz besonders wichtig ist dieser Vorgang bei größeren Ausflügen oder sogar Urlauben. Im letzteren Fall solltest du unbedingt immer wieder betonen, wie lange ihr in etwa noch bleiben werdet und was ihr in dieser Zeit so alles tun könntet. Denn auf diesem Weg gibst du deinem Kind die Sicherheit, dass dieses eine schöne Zeit ist, ihr jedoch auch bald wieder in seiner sicheren Umgebung seid. Zum Thema „Ausflüge abbrechen“ liest du etwas im nun folgenden Kapitel, da für Kindergeburtstage dasselbe gilt.

Kindergeburtstag

Kindergeburtstage bedeuten puren Stress. Das weiß nicht nur jeder, der schon einmal einen Geburtstag zuhause veranstaltet hat, sondern auch die Eltern, die ihre Sprösslinge bereits von einem solchen abgeholt haben. Meist sind die Kinder so aufgekratzt, dass es spätestens beim Ins Bett Gehen eskaliert – und zwar auch bei nsK. Dennoch solltest du deinem Kind nicht generell die Teilnahme am Geburtstag verbieten. Wenn es selber den Wunsch verspürt, den Geburtstag zu besuchen, dann ist das bereits erfreulich. Denn mit steigendem Alter verlieren hsK zum Teil das Bedürfnis, zu Kindergeburtstagen zu gehen. Gehe vorher unbedingt ins Gespräch mit dem Elternteil des Geburtstagskindes. Es sollte wissen, dass dein Kind manchmal Pausen braucht und warum es sich manchmal zurückzieht und/oder überreizt. Bleibe abrufbereit für den Fall, dass du dein Kind aus der Situation herausnehmen musst. Bei den ersten zwei Versuchen kann es sogar ratsam sein, dass du so nahe beibleibst, dass du unmittelbar eingreifen könntest, wenn es nötig sein sollte.

Sollte ein Ausflug oder ein Geburtstag abgebrochen werden müssen, dann gib deinem Kind niemals das Gefühl, dass dieses eine Strafe sei. Erkläre ihm, dass es gerade ganz offensichtlich überfordert sei und Zeit für sich braucht. Um ihm die Traurigkeit – die unweigerlich in einem solchen Moment entstehen wird – zu nehmen, biete ihm Alternativen. Bei einem Ausflug kann es zum Beispiel sein, dass du einen ähnlichen Ausflug oder eine unmittelbare Alternative für die nächsten Tage ankündigst (Bsp.: „Was hältst du davon, wenn wir es am nächsten Wochenende noch einmal probieren? Dann weißt du was auf dich zukommt und fühlst dich bestimmt wohler als jetzt. Dann können wir beide den Ausflug genießen.“) Bei einem Geburtstag ist das Ganze natürlich etwas schwieriger. Hier kannst du deinem Kind jedoch anbieten, dass es einige Tage später noch einmal etwas mit dem Geburtstagskind zusammen machen kann (z.B.: „Ich habe das Gefühl, dass die Party dich überfordert und sehr anstrengend für dich ist. Ich fände es schön, wenn wir xy in den nächsten Tagen noch einmal zu einem Eis und zum Spielen in unserem Garten einladen. Dann könnt ihr eure Feier nachholen.“). Selbstverständlich sollte so ein Abbruch immer der letzte Schritt sein. Im besten Falle kann dein Kind mit Freude eine solche Feier durchhalten, wenn es genügend Ruhe zwischendurch bekommt. Aber solltest du merken, dass das Thema wirklich ausgereizt ist, dann zögere bitte nicht, diesen Schritt zu gehen – denn du tust es zum Wohl deines Kindes.

Mahlzeiten

Auch hier findest du dich wieder in einem Thema, über welches du schon gelesen, was du aber mit großer Wahrscheinlichkeit auch bereits erlebt hast. Zutaten, die dein Kind nicht mag, Konsistenzen, die es nicht verträgt, Kohlensäure, die entweder zu stark oder zu schwach sprudelt, die Rinde des Brotes, die zu hart oder aber zu labberig ist. Mahlzeiten können ausgesprochen schwierig werden. Zwei Tipps hast du in diesem Buch bereits erfahren:

1. Habe immer eine Mahlzeit bei dir, wenn ihr unterwegs seid. Denn der Hunger eines hsK lässt sich nicht verdrängen.
2. Wenn es nötig ist, püriere das Essen deines Kindes, sollte es ihm dieses leichter machen.

Doch leider ist es beim Thema Essen nicht so einfach wie bei der Kleidung. Du kannst nicht einfach von gesunden Zutaten, Obst und Gemüse auf dauerhaft Nudeln mit Tomatensoße umsteigen. Natürlich muss dein Kind bestimmte Dinge zu sich nehmen. Und das kann ein ganzes Stück Arbeit werden. Denn es bleibt dabei: Wenn dein Kind eine bestimmte Zutat nicht mag, dann wird es sie in vielen Fällen herausschmecken. Gerade das Essen von Gemüse kann da schwierig werden. Aber tröste dich: Irgendeine Gemüsesorte mögen die allermeisten Kinder. Es gilt, mit detektivartiger Suche diejenige Sorte sowie Zubereitungsart zu finden, die deinem Kind schmeckt. Als Erstes würde ich es an deiner Stelle mit Kombinationen versuchen, die dein Kind mag. Hier kannst du zum Beispiel eine wirklich gut pürierte, würzige Gemüsesoße (bitte kein grünes Gemüse) in den Nudelauflauf machen. Auch Fischstäbchen lassen sich sehr gut selber zubereiten – mit echtem Fisch, der deinem Kind mehr bietet als das Filet aus der Tiefkühltruhe. Auch Chicken Nuggets kannst du anstatt mit Pommes Frites auch mit Pellkartoffeln und Quark anrichten. Auch hier gilt wieder: Sei kreativ! Ich weiß, dass es sehr schwer ist, für Kinder, die Schwierigkeiten beim Essen haben, Mahlzeiten zuzubereiten. Aber wenn du erst einmal einige kreative Lösungen entwickelt hast, dann wird es mit der Zeit leichter werden. Übrigens: Auch in Obst stecken diverse wertvolle Vitamine, zum Teil sogar noch mehr als in Gemüse. Und die meisten Kinder lieben es, zwischendurch Apfel, Banane, Weintrauben oder dergleichen zu naschen. Hier spielt geschmacklich natürlich der Fruchtzucker eine große Rolle, weshalb Obst immer in angemessenen Mengen verzehrt werden sollte. Es ist aber in jedem Fall besser, deinem Kind etwas „zu viel" Obst zu geben, als überhaupt keine Vitamine.

Weiterhin solltest du bei den Mahlzeiten auf eine angenehme Atmosphäre achten. Nehmt die Mahlzeiten immer zur etwa gleichen Uhrzeit ein, um eine Routine zu schaffen und esst unbedingt gemeinsam. Denn das vermittelt deinem Kind ein wohliges Gefühl. Sei ein Vorbild für dein Kind. Auch du hast das Recht zu sagen und zu zeigen, wenn dir etwas nicht schmeckt. Achte unbedingt auch auf das Anrichten des Tellers. Du weißt, dass das Auge mitisst. Das gilt insbesondere für hsK, die ihre Sinne ja nun einmal noch intensiver einsetzen als wir. Du kannst mit Brot, Gemüsestiften und Würstchen zum Beispiel witzige Eulen formen. Auch die Sonne, die du mit dem zerschnittenen Brot legst ist appetitlicher als eine „normale Klappstulle". Je nach „Macken" deines Kindes kann es sich eignen, Mahlzeiten mit unterschiedlichen Soßen (z.B. Fleisch mit dunkler Soße, dazu Gemüse mit heller Soße und Gurkensalat mit Kräutersoße) in einen geteilten Teller zu geben oder auf unterschiedliche Teller aufzuteilen. Viele hsK mögen es nicht, wenn sich ihr Essen auf dem Teller mischt. Zusätzlich verhinderst du dadurch, das gesamte Essen wegschmeißen zu müssen, nur weil dein Kind eine der Soßen nicht mag.

Wissensdurst

Viele hsK haben einen unbändigen Wissensdurst in speziellen Themengebieten. Natürlich trifft das insbesondere auf Kinder mit kognitiver Hs zu, aber auch die anderen „Typen" wollen mit neuem Wissen versorgt werden. Sie alle sind durch ihre ausgeprägten intuitiven Fähigkeiten in der Lage, um viele Ecken zu denken und wollen dieses auch nutzen. Fördere diese Wissbegierde. Dabei ist es völlig egal, ob dein Kind viele Themen erforschen möchte oder sich ganz besonders auf eines fixiert. Finde heraus, was dein Kind interessiert und unterstütze es darin. Das muss nicht immer viel Geld kosten. Du brauchst deinem Kind gar keine teure Ausrüstung etc. kaufen, denn einer der Vorteile deines hsK ist seine Fähigkeit, sich Dinge auf fantastische Art und Weise vorzustellen und

Sachen um zu funktionieren. Ein einfacher Stock kann es gleichermaßen zum Magier wie zum Ritter werden lassen, ein Blätterhaufen sein Geheimversteck sein und ein Handlauf einer Treppe mit einem spiegelnden Fenster der Ballettsaal, in dem es tanzt. Finde heraus, was deinem Kind wirklich gefällt und in welchen Bereichen es mehr erfahren möchte.

Leihe dir Bücher zum Thema aus der Bibliothek aus oder such im Internet nach Experimentiermöglichkeiten. Das Thema Wasser zum Beispiel bietet unzählige Möglichkeiten zum Experimentieren. Ein einfaches, mit Wasser gefülltes Trinkglas bildet auf einem weiß glänzenden Teller im Sonnenlicht einen Regenbogen. Außerdem zaubert es einen Gegenstand auf den Kopf. Hierfür nimmst du zwei Gläser – eines mit Wasser gefüllt und eines ohne. Stelle nun einen selbstgebastelten Pfeil mit der Spitze nach oben hinter beide Gläser und siehe was passiert. Auch Rätsel lassen sich aus dem Internet heraussuchen und gemeinsam lösen. Bleiben wir bei den Wassergläsern: Stelle sechs Gläser nebeneinander, jeweils abwechselnd gefüllt und leer. Gib deinem Kind die Aufgabe, dass es nur ein einziges Glas anfassen darf und anschließend die drei leeren und die drei vollen Gläser nebeneinanderstehen haben muss. Lösung: Achtung! Es war nicht die Rede davon, dass es nur eines verschieben dürfte. Es ging ums Anfassen. Wenn es also das erste volle Glas der Reihe nimmt, den Inhalt in das letzte leere Glass kippt und es anschließend auf seinen ursprünglichen Platz stellt, hat es die Lösung gefunden. Aber pass gut auf. Es ist nämlich genauso richtig, wenn dein Kind ein Glas in die Hand nimmt und mit dessen Hilfe (oder mit einem Tuch, welches das Glas vor der Hand schützt) die anderen Gläser bewegt. Denn auch dann würde es genaugenommen nur eines anfassen.

Du siehst, es gibt zahlreiche Möglichkeiten, mit deinem Kind auf kognitiver Ebene zu arbeiten. Das fördert, macht Spaß und hilft ihm dabei, Problemlösungsstrategien zu entwickeln.

Freundschaften

Das Thema Freundschaften ist für uns als Eltern natürlich doppelt sensibel. Wir können es nur schwer aushalten, wenn unser Kind ganz alleine dasteht. Die Frage, die dahinterstehen sollte, ist allerdings immer die, wie dein Kind sich dabei fühlt. Nicht wenige hsK fühlen sich ausgesprochen wohl, wenn sie einen oder sogar gar keinen Freund um sich herumhaben. Sie sind so sehr mit ihren eigenen Bedürfnissen und Ansprüchen beschäftigt, dass ein Freund manchmal gar keinen Platz mehr hat. Bedenke, dass dieser ebenfalls mit seinen eigenen „Macken", Bedürfnissen und Wünschen auf dein Kind trifft und dieses dem zum Teil gar nicht gerecht werden kann oder möchte. Hast du also das Gefühl, dass dein Kind sich von anderen absondert, weil es sich so am wohlsten fühlt, dann ist das durchaus in Ordnung. Natürlich solltest du ihm dennoch die Möglichkeit bieten, Freundschaften zu schließen. Du könntest ihm anbieten, dass es sich auf ein Eis oder einen Spaziergang mit jemandem verabredet. Lass die Zeit dabei nicht zu lang werden, denn so ein Treffen soll ihm ja in guter und eben nicht in überfordernder Erinnerung bleiben. Außerdem solltest du dein Kind mögliche Spielpartner unbedingt allein aussuchen lassen. Es fühlt sich im Normalfall genau zu den Kindern hingezogen, die zu ihm passen. Druck und Lenken von außen wäre da eher kontraproduktiv.

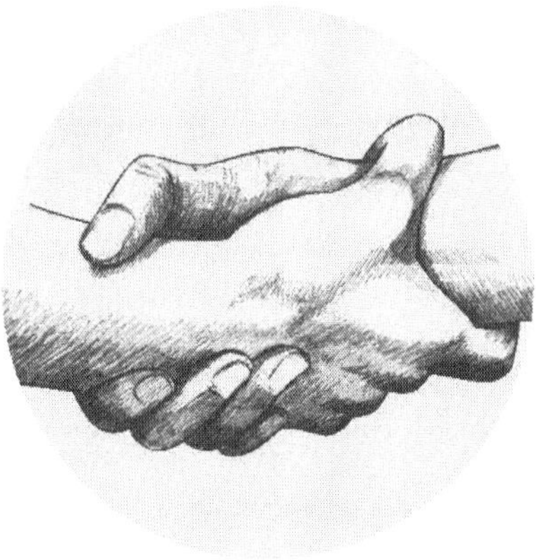

Bewusst eingreifen solltest du nur dann, wenn du merkst, dass dein Kind entweder geärgert wird oder aber sich bewusst massiv abschottet. Im ersten Fall ist zum Teil bereits eine Krisenintervention nötig, denn leider werden Kinder und Jugendliche, die sich von anderen abheben häufig Mobbingopfer - und das solltest du selbstverständlich verhindern. Im zweiten Fall kann es sein, dass sich dein Kind so sehr zurückzieht, weil es soziale Kontakte nicht ertragen kann. Das ist mehr als die Tatsache, dass es sich alleine einfach wohler fühlt. Wenn es tatsächlich große Probleme im Bereich der Sozialkontakte hat, dann ist es sinnvoll, zügig zu handeln. Hier kann eine der genannten Therapien möglicherweise weiterhelfen.

Hobbies

Auch hier befinden wir uns bei einem sensiblen Thema. Natürlich wünschen wir uns oft, dass unsere Kinder nicht zu „Stubenhockern" werden, dass sie sich bewusst Dinge suchen, die sie gern mögen und bei denen sie beibleiben. Aber Hobbies sind auch für nsK nicht immer leicht zu finden. Wie oft probieren diese sich in unterschiedlichen Dingen aus – vom Tanz bis zum Reiten und von Karate bis zum Fußballspielen – und entdecken doch erst später, dass sie besonders viel Freude am Malen oder Singen haben. Das ist auch gut und richtig, denn auch wir wissen doch erst, was uns wirklich gefällt, wenn wir es probiert haben. Dein hsK ist da vermutlich eher weniger euphorisch als nsK. Es lässt sich vermutlich keine Gitarre kaufen, wenn es nicht wirklich den Wunsch danach verspürt. Auch ein Fußballtrikot würde es am liebsten erst anziehen, wenn es wirklich wüsste, dass es das ist, was es machen müsste. Hier ist es eher deine Aufgabe, sanft nachzuspüren, was dein Kind sich wünscht, da es sehr viel zurückhaltender ist als nsK. Es weiß, dass es mit einem Hobby mögliche neue soziale Kontakte eingeht und überlegt, was daraus resultieren würde, wenn ihm das Hobby nun doch keinen Spaß macht. Insgesamt neigt es mit großer Wahrscheinlichkeit ohnehin eher zu Hobbys, die alleine durchführbar sind als in einer Mannschaft. Dränge es bitte nicht in Richtungen, bei denen es sich unwohl fühlt, denn in der Regel sagt ihm sein hervorragender Instinkt bereits vorweg, was ihm gefallen wird.

Wenn du bereits unterschwellig den Wunsch deines Kindes verspürst, ein bestimmtes Hobby auszuprobieren, dann ermutige es darin. Mache ihm klar, dass es völlig in Ordnung ist, wenn es diese Aktivität testet und dabei feststellt, dass es nicht das ist, was es mag. Mache auch deutlich, dass bestimmte Aktivitäten als Einzelhobbies möglich sind: So kann das Kind beispielsweise allein im Hallenbad schwimmen und muss dafür nicht mit anderen Kindern zusammen diesem Hobby nachgehen. Hierfür muss auch kein großes Turnier angestrebt werden. Auch Volleyball funktioniert bereits ab zwei Spielern in der Mannschaft und Reiten oder Musikinstrumente spielen lassen sich (falls das entsprechende Geld vorhanden ist) ebenfalls allein ausüben. Zeige deinem Kind Möglichkeiten für Freizeitaktivitäten auf, die zu ihm passen, ohne es jedoch unter Druck zu setzen.

Beruflicher Werdegang

Natürlich stellt sich die Frage nach den Perspektiven für dein Kind. Lass mich gleich vorwegsagen. In wenigen Fällen übernimmt ein hochsensibler Mensch einen Beruf mit großer Verantwortung – selten leitet er eine Firma. Das hat definitiv nichts damit zu tun, dass er nicht die geistigen Fähigkeiten hierfür hätte, sondern schlicht, dass er meist nicht gern im Mittelpunkt steht. Ein hochsensibler Mensch ist hervorragend dafür geeignet, veraltete Strukturen zu überblicken, aufzubrechen und neue zu etablieren – solange er dieses nicht im Vordergrund begründen muss. Durch seine enorme Feinfühligkeit kann er ganze Geschäftsmodelle zum Positiven überarbeiten. Auch kreative Berufe sind in vielen Fällen sehr gut geeignet. Leider sind häufig gerade Berufe, in denen emotionale Feinfühligkeit gefragt ist (soziale Betreuung, Kindergarten etc.) nicht geeignet. Zwar bringt der hochsensible Mensch meist die Fähigkeiten hierfür mit, allerdings fällt es ihm enorm schwer, loszulassen und Ungerechtigkeit zu ertragen, sodass er in vielen Fällen darunter leiden würde. Auch Berufsgruppen wie Polizisten, Anwälte, Richter, usw. sind meistens eher schwierig, da hier ein stabiles, sicheres Auftreten gefragt ist und der hochsensible Mensch gerne erst einmal überblickt, bevor er eingreift. In den genannten Berufen kommt dieses leider jedoch allzu häufig als unsicheres Verhalten rüber. Dass der hochsensible Mensch eigentlich bessere Lösungsstrategien hätte, spielt dabei leider keine Rolle.

Auch bei der Berufswahl deines Kindes gilt Folgendes: Bitte versuche niemals, es in einen Beruf zu drängen, der nicht zu ihm passt, denn er würde sich niemals wohlfühlen. Dennoch würde er mit größter Wahrscheinlichkeit sein Bestes geben – weil er dich nicht enttäuschen möchte – und daher sein eigenes Leid in Kauf nehmen. Vermittle deinem Kind immer wieder, dass seine Berufswahl niemals seinen Wert ausmacht. Sage ihm, dass die Hauptsache ist, dass es glücklich ist, völlig unabhängig davon, wie viel Prestige der Beruf mit sich bringt oder ob dein Kind davon reich wird.

Wenn dein Kind einen klassischen Beruf wählt (also zum Beispiel nicht die oft belächelte Künstlerfreiheit genießen kann), dann sollte es sich genau wie in der Schule Möglichkeiten suchen, um seine Bedürfnisse zu erfüllen. Das kann zum Beispiel ein eigenes Büro sein oder Pausen außerhalb der regulären Arbeitszeiten. Hierfür sollte der hochsensible Mensch selbstverständlich in der Lage sein, seine Stärken herauszuarbeiten. Denn mal ehrlich: Welcher Chef würde jemanden einstellen, der eine Extrabehandlung braucht, wenn er nicht außergewöhnliche Fähigkeiten hätte? Bereite dein Kind schon jetzt darauf vor, sich selber zu „verkaufen“, indem du ihm tagtäglich dabei hilfst, zu sehen, wie besonders und einzigartig es ist. Denn mit diesem Selbstbewusstsein wird es auch bei späteren Bewerbungsgesprächen in der Lage sein, seine Vorzüge herauszuarbeiten.

Konfliktbewältigungsstrategien

Du hast bereits etliche Tipps bekommen, um Konflikten aus dem Weg zu gehen. Ich betone hier noch ein weiteres Mal, dass dein Kind Struktur und Grenzen genauso braucht, wie jedes andere Kind. Natürlich ist nicht immer die Hochsensibilität der Auslöser für Grenzüberschreitungen. Du als Elternteil solltest daher bewusst darauf achten, wann dein Kind aufgrund seiner Hs gewisse Grenzen nicht einhalten kann und wann es sich im Bereich des „Austestens“ befindet. In jedem Fall wirst du selbstverständlich auch weiterhin mit deinem Kind in Konflikte geraten. Das ist völlig normal und kommt in jeder Familie vor. Und dann wollen Konflikte natürlich gelöst werden. Versuche nicht, sie einfach unter den allseits beliebten Teppich zu kehren, denn gerade in hochsensiblen Kindern schwelen solche Konflikte weiter. Gehe die Lösung von Problemen direkt an und siehe dein Kind als Konfliktpartner, der ebenfalls gewillt ist, eine Lösung zu finden. Tritt nicht in Machtkämpfe, sondern versuche gleichermaßen deinem Kind zu verstehen zu geben, weshalb es aus deiner Sicht zum Konflikt gekommen ist und die Sicht deines Kindes nachzuvollziehen. Manchmal klären sich Konflikte alleine dadurch, dass ihr Missverständnisse entdeckt.

Sende deinem Kind deutlich deine Ich-Botschaften aus, um den Konflikt auf eine offene Ebene zu bringen. Mit Aussagen wie: „Jetzt streiten wir schon wieder, weil du mich einfach nicht verstehen willst!“ schließt du automatisch jede Tür auf Anhieb. Vermeide es, dein Kind direkt zu kritisieren und suche stattdessen gemeinsam mit ihm nach Lösungen für die Zukunft. Bleibe dabei entspannt, denn wie du weißt, reagiert dein Kind besonders intensiv darauf, wenn du angespannt bist. Begegne ihm auf Augenhöhe und vermittle ihm, dass du kompromissbereit bist.

Und das Allerwichtigste zum Schluss: Die Hs deines Kindes wird mit großer Wahrscheinlichkeit häufig der Grund für Konflikte sein. Und sicher stößt du aufgrund dieser häufig an deine Grenzen. Am Anfang des Kapitels habe ich herausgestellt, dass das völlig normal ist und du dir diesen Punkt unbedingt eingestehen solltest. Im Konflikt darfst du jedoch NIEMALS anbringen, dass die „Macken“ deines Kindes das Familienleben stören. Sätze, wie: „Immer wieder musst du dich querstellen. Warum kannst du nicht ein wenig normaler sein?“ zerstören nachhaltig jeden einzelnen Erfolg, den ihr gemeinsam aufgebaut habt. Du darfst deinem Kind sagen, dass du überfordert bist, aber nie herausstellen, dass seine Hs für dich eine Last wäre. Das kann zum Beispiel so aussehen: „Jetzt haben wir uns wieder wegen der Kleidung gestritten. Manchmal habe ich Schwierigkeiten zu verstehen, warum es dir schwerfällt, bestimmte Dinge anzuziehen (Sachebene). Das macht mich traurig (Gefühlsebene), weil ich mich nicht mit dir streiten möchte und gerne verstehen würde, woran genau es liegt, dass du einiges nicht tragen magst (Bedürfnisebene). Ich wünsche mir, dass wir in Zukunft darüber reden, wenn du etwas nicht anziehen kannst und nicht direkt zu streiten beginnen (ausformulierter Wunsch)." Auf diesem Weg bleibst du gleichermaßen authentisch wie bestimmt und gibst deinem Kind einen direkten Lösungsvorschlag für die Zukunft an die Hand ohne es aber bewusst zu kritisieren.

Zusätzlich zur Konfliktbewältigung mit deinem Kind hilft es, einen stabilen Gesprächspartner an deiner Seite zu haben. Das kann ebenso dein Lebensgefährte wie ein guter Freund sein. Erzähle ihm von den Schwierigkeiten mit deinem Kind. Manchmal hilft ein frischer Blick von außen, eigene neue Blickwinkel zu schaffen. Auch ein Supervisor kann dir enorm nützlich sein. Er hört nicht nur zu, sondern gibt auch konkrete Vorschläge, wie du im Konfliktfall mit deinem Kind umgehen könntest.

Entspannung für Eltern

Beantworte dir bitte einmal folgende drei Fragen:

1. Wo genau findest du Raum und Zeit zur Entspannung?
2. Ist dir bewusst, dass das Konfliktpotential wächst je höher dein Stresslevel ist?
3. Nimmst du dich noch als eigenständigen Menschen wahr oder lediglich noch als Elternteil deines Kindes?

Kindererziehung ist anstrengend! Nicht nur, aber insbesondere bei hochsensiblen Kindern. Umso wichtiger ist es, dass du dir persönliche Auszeiten gönnst, die dir allein gehören. Denn je besser du selbst mit positiver Energie geladen bist, desto besser kannst du für dien Kind da sein und mögliche Konflikte bewältigen. Gerade die schönen Zeiten mit deinem Kind werden dir erst dann wieder so richtig bewusst, wenn du selber im Gleichgewicht bist. Gönne dir aus diesem Grund unbedingt Zeiten für dich. Hierfür kannst du selber Entspannungstechniken erlernen. Yoga, Pilates, Meditation oder autogenes Training lassen sich sowohl mit Lehrern, aber auch sehr gut mithilfe von Fachbüchern und Internet erlernen. Nimm dir deine festgelegten täglichen Auszeiten, in denen du nur Zeit für dich hast. Selbstverständlich kannst du die Übungen, die du selber erlernst auch in abgewandelter Form für dein Kind nutzen. Wie du bereits weißt, profitiert es enorm von Entspannungsübungen.

Sollten solche Übungen nichts für dich sein, dann suche dir andere Möglichkeiten zum Ausgleich. Das kann ein schönes Essen mit deinem Partner oder einem Freund sein, Sport oder ein warmes Bad in der Wanne. In jedem Fall gebe ich dir den Rat, gut für dich zu sorgen. Das wirst nicht nur du selbst, sondern auch dein Kind dir danken!

Zusammenhang

zwischen hochsensiblen Kindern und hochsensiblen Eltern

Im letzten Kapitel möchte ich dich noch auf etwas aufmerksam machen, was ich mit Absicht erst jetzt anspreche. Hast du dich beim Lesen des Buches möglicherweise an einigen Stellen selber wiedererkannt? Also nicht, als es um dich als Elternteil, sondern um dein Kind ging? Wie oft hast du gedacht: Ach schau mal, das kenne ich doch von mir auch. Das wäre durchaus nicht verwunderlich, denn laut Elaine N. Aron besteht ein nachweislicher Zusammenhang zwischen der Hs von Kindern und ihren Eltern. Nicht selten ist eines der Elternteile des hochsensiblen Kindes ebenfalls hochsensibel. In vielen Fällen ist die Mutter-Kind-Verbindung zu nennen. Aron konnte bisher noch keinen Nachweis erbringen, warum dieser Zusammenhang besteht, jedoch gibt es plausible Vermutungen. Als erstes ist die genetische Komponente zu nennen. Da du bereits weißt, dass Hs eine positive Eigenschaft ist, die als schützenswert gilt (erinnere dich noch einmal an den Versuch mit den Fischen im Fischteich), ist es naheliegend, dass diese auf genetischer Ebene als Veranlagung weitergegeben wird. Diese Veranlagung trifft ja ebenfalls auf viele andere Eigenschaften auch zu („Du bist genauso explosiv/neugierig/still wie dein Vater/deine Mutter.“). Wieso also sollte das für Hs nicht gelten? Weiterhin darf man nicht vergessen, dass eine hochsensible werdende Mutter auch während der Schwangerschaft mit einer Reizüberflutung zu kämpfen hat und aus diesem Grund permanent unter Stress steht. Dass Stress sich auf Ungeborene überträgt, ist bereits wissenschaftlich belegt. Es ist also naheliegend, dass der anhaltende Stress sich im System des Fötus manifestiert und er aus diesem Grund ebenfalls eine andere Stressverarbeitung ausbildet als Föten im Mutterleib normalsensibler Mütter.

Lange Rede, kurzer Sinn. Die Frage ist natürlich, welche Auswirkung nun diese Erkenntnis auf das gemeinsame Zusammenleben hat. In erster Linie musst du dir darüber bewusst sein, wenn du selber hochsensibel sein solltest. Denn dann wäre es noch weitaus weniger verwunderlich, wenn ihr häufig aneinandergeraten würdet. Du hättest ja ebenfalls mit deiner eigenen Stressverarbeitung zu kämpfen und stündest umso mehr permanent am Rande deiner eigenen Grenzen. In diesem Fall solltest du beginnen, deinem Kind als Vorbild zu dienen. Sprich mit ihm darüber, dass du ebenfalls diese Gabe in dir trägst und die Probleme, die mit ihr einhergehen, kennst. Zeige, wie du selber mit Stress umgehst und welche Strategien du für dich entwickelt hast, um besser zurechtzukommen. Leider ist das Thema Hs ein eher junges Forschungsgebiet. Viele nehmen es nach wie vor nicht ernst und gerade vorherige Generationen wurden häufig mit dem klassischen Ausspruch „ein Indianerherz kennt kein Schmerz“ erzogen. Ein Weichei zu sein oder sich im Alltag anzustellen hat einfach keinen Platz. Es ist also durchaus möglich, dass es dich gerade völlig unvorbereitet trifft, dass bei dir eine Hs vorliegen könnte. In diesem Falle beginne gemeinsam mit deinem Kind von Null. Wachst an euren Aufgaben und teilt eure positiven wie negativen Erfahrungen. Beginne du ebenfalls, dir Schleichwege zu suchen, die dich dem stetigen Druck von außen entfliehen lassen und gib diese Techniken an dein Kind weiter. Denn dann wird das, was euch bisher eher als Hindernis gedient hat, von nun an zusammenschweißen.

Fazit

Herzlichen Glückwunsch! Du hast dich bis zu diesem Fazit durch ein ausgesprochen kräftezehrendes Thema gearbeitet. Vielleicht warst du zwischendurch völlig erschlagen von dem Bewusstsein, was dein Kind so alles im Alltag ertragen muss. Vielleicht hast du dich geschämt, weil du das Gefühl hast, es bis heute nicht wirklich verstanden und es deshalb falsch behandelt haben könntest. Vielleicht hast du schleichend erkannt, dass du auf dich selbst bisher nie so sehr geachtet hast wie auf dein Kind. Aber jetzt, wo du einen deutlich besseren Einblick in die Welt hsK hast, stehen dir endlich alle Türen offen. Du kannst, darfst und sollst dich mit den Schwierigkeiten und Fähigkeiten deines Kindes auseinandersetzen. Denn wenn du das tust, wird dir schnell etwas ganz Wundervolles klar werden:

Wenn du bereit bist, gemeinsam mit deinem Kind Lösungen zu finden, die ihm das Leben erleichtern, dann werden schon sehr bald seine wundervollen Stärken hervortreten. Es wird sich entfalten wie eine Raupe, die zum Schmetterling wird und aus ihm wird ein Mensch werden, der seine Fähigkeiten zeigen kann! Das Einzige was du tun musst, ist die Starthilfe.

Und dabei wünsche ich dir gleichermaßen viel Kraft und Stärke wie Freude und Liebe! Mache dich gemeinsam mit deinem Kind auf den Weg der Schatzsuche. Entwickle neue Wege und suche die Schätze, die in deinem Kind verborgen liegen.

Ganz herzliche Grüße!

Impressum

1. Auflage

Der Autor wird vertreten durch
Andreas Lercher
Lappach 218
39030 Mühlwald
Italien

Covergestaltung: Marie Wölk
wolkenart.com

Printed in Poland
by Amazon Fulfillment
Poland Sp. z o.o., Wrocław

85442817R00072